はじめに

すべての学力の基礎「言語（ことば）」の力を身につける。

子どもの学力向上は、学校・家庭で関心の高い話題です。

「学力」と一言でいっても、具体的に何を指すのかはっきりしないと感じられるかもしれません。しかし、その中核に間違いなくあるものは、「言語（ことば）」の力です。

「話す・聞く」「読む」「書く」の力も、「思考」「判断」する力も、言語の力が必要になります。

つまり、言語はすべての学力の基礎となっているのです。

本書は、「言語（ことば）」の力をつけるプリントです。その言語の中でも、「語彙」と「文法」について力がつくよう編集しました。また一冊に二学年分を収録していますので、自学年の学習に取り組んだ後、別の学年にも取り組めます。ぜひ他の学年にも取り組んでください。系統的に取り組んでこそ、学習の効果は上がるからです。

言語の習得は、毎日少しずつすることで身につきます。本書を使って「集中して」「短時間で」「持続的に」取り組み、「言語（ことば）」の力をつける手助けになれば幸いです。

もくじ

5年生

6年生

送りがな ー

月　日　名前

次の漢字に送りがなをつけましょう。

① 営（　　）いとなむ
② 易（　　）やさしい
③ 過（　　）すぎる
④ 快（　　）こころよい

⑤ 慣（　　）なれる
⑥ 逆（　　）さからう
⑦ 久（　　）ひさしい
⑧ 喜（　　）よろこぶ

⑨ 現（　　）あらわれる
⑩ 耕（　　）たがやす
⑪ 混（　　）まざる
⑫ 再（　　）ふたたび

⑬ 応（　　）こたえる
⑭ 測（　　）はかる
⑮ 修（　　）おさめる
⑯ 述（　　）のべる

⑰ 任（　　）まかせる
⑱ 勢（　　）いきおい
⑲ 絶（　　）たえる
⑳ 率（　　）ひきいる

㉑ 築（　　）きずく
㉒ 断（　　）ことわる
㉓ 導（　　）みちびく
㉔ 燃（　　）もやす

㉕ 破（　　）やぶる
㉖ 志（　　）こころざす
㉗ 比（　　）くらべる
㉘ 肥（　　）こやす

㉙ 備（　　）そなえる
㉚ 貧（　　）まずしい

送りがな 2

月　日

名前

1 次の送りがなで、正しい方に○をつけましょう。

① ア 飲み水　イ 飲水

② ア 種明かし　イ 種明し

③ ア 神主　イ 神ん主

④ ア 氷水　イ 氷り水

⑤ ア 切り口　イ 切口

⑥ ア 間近　イ 間近か

⑦ ア 平泳　イ 平泳ぎ

⑧ ア 食物《たべもの》　イ 食べ物

⑨ ア 話合い　イ 話し合い

⑩ ア 取り組み　イ 取組み

⑪ ア 交わる　イ 交る

⑫ ア 織り物　イ 織物

2 次の漢字に読みがなと送りがなをつけましょう。

① （　）明［　］　あかるい

② （　）生［　］　いきる

③ （　）許［　］　ゆるす

④ （　）暴［　］　あばれる

⑤ （　）勇［　］　いさましい

⑥ （　）豊［　］　ゆたか

⑦ （　）迷［　］　まよう

⑧ （　）決［　］　きまる

⑨ （　）構［　］　かまう

かなづかい１

月　日　名前

1 次の漢字に読みがなをつけましょう。

① 地上（　　）
② 地面（　　）
③ 無事（　　）
④ 鼻血（　　）
⑤ 政治（　　）
⑥ 治水（　　）
⑦ 人質（　　）
⑧ 五重のとう（　　）
⑨ 中心（　　）
⑩ 顔中（　　）
⑪ 地続き（　　）
⑫ 近所（　　）

2 次の漢字の読みがなで、正しい方に○をつけましょう。

① 人数　ア にんづう　イ にんずう
② 地図　ア ちず　イ ちづ
③ 図表　ア ずひょう　イ づひょう
④ 気付く　ア きづく　イ きずく
⑤ 三日月　ア みかずき　イ みかづき
⑥ 手作り　ア てづくり　イ てずくり
⑦ 続く　ア つずく　イ つづく
⑧ 小包み　ア こづつみ　イ こずつみ
⑨ 常々　ア つねずね　イ つねづね
⑩ 親子連れ　ア おやこずれ　イ おやこづれ

かなづかい２

月　日
名前

次の文のまちがいに——を引き、書き直しましょう。

①　姉さんわ、友だちと　ええがを　見に　行った。

②　ぼくわ、エジソンお　とても　そんけえ　している。

③　「転校生どおし、仲良くしようよ。」「そおしよう。」

④　電車が　駅に　ちかずくと、となりの　おぢいさんが「よしよし。」と　大きく　うなづきました。

⑤　おじさんの　家を　たづねると、とても　まづしい　くらしむきでしたが、そおじが　行きとどいて　いて、きれえでした。

⑥　ニュースの　ほうどお番組で、「ようやく　明日は、おうむね　晴れるでしょう。」と、よく　とうる　声で　伝えていた。

⑦　動物園で、りすは　ドングリを　ほうばり、オオムは、えさを　かぢって　いました。

敬語　1

月　日
名前

1 次の敬語《けい》の表をなぞりましょう。

ふつうの言い方	敬《うやま》った言い方（尊敬語《そんけいご》）	へりくだった言い方（けんじょう語）
見る	ごらんになる	拝見《はいけん》する
言う	おっしゃる	申しあげる
する	なさる	いたす
食べる	めしあがる	いただく
行く	いらっしゃる	まいる（参る）
来る	おいでになる	うかがう
いる		おる
会う	お会いになる	お目にかかる
取る	お取りになる	お取りする
たずねる	おたずねになる	おたずねする

※ 表以外の言い方もあります。

2 次の文で、敬った言い方には㋐、へりくだった言い方には㋑を、それ以外のていねいな言い方には㋒を書きましょう。

① 先生の家へ参ります。 □

② 先生がお見えになる。 □

③ 手紙をおとどけする。 □

④ 本を読みましょう。 □

敬語 2

月　日
名前

1 敬語《けい》には、話し相手にていねいな気持ちを表す「ていねい語」があります。——の部分をていねいな言い方に直しましょう。

① わたしの名前は、北村一だ。→ 北村一□□。

② 犬の名前は、ジョンという。→ ジョンと□□□□。

③ 米は、とても大切です。→ □□は、とても大切です。

④ 花をあげた。→ □□を□□□□□。

2 ——のことばを、文に合うように書き直しましょう。

① 明日の発表会は、必ず見に来て□□□□。（くれ・ていねい語）

② あなたのお名前は、何と□□□□□□□□。（いいますか・尊敬語《そんけい》）

③ おつりを□□□□□。（返す・けんじょう語）

④ 父は、お客さんに□□□□□。（言った・ていねい語）

「さあ、たくさん□□□□□□□□□□。」（食べてください・尊敬語）

⑤ 「では、そろそろ失礼□□□□□。」（します・けんじょう語）

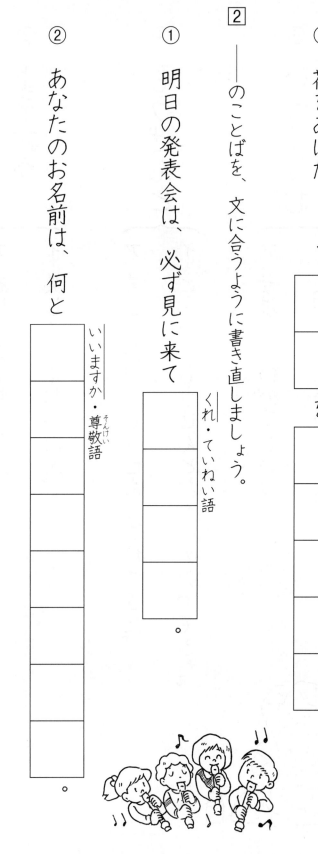

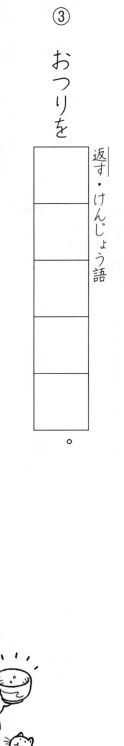

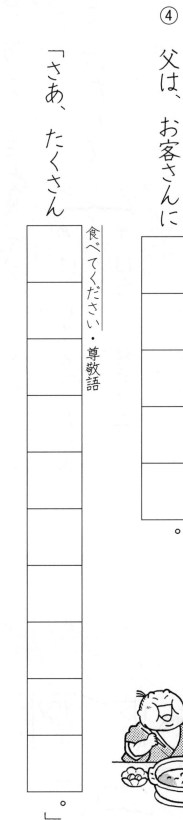

ことばの意味 1

月　日

名前

次のことばを正しく使っている方に○をつけましょう。

① はたして
ア はたして実現するだろうか。
イ はたして考えてみよう。

② 今しがた
ア 今しがたいたのに、どこへ行ったかな。
イ 今しがた雨はふり続いた。

③ よそおう
ア あわてよそおった人。
イ 美しくよそおった人。

④ もうぜんと
ア 美しい曲が、もうぜんと流れてきた。
イ とらが、もうぜんとおそいかかってきた。

⑤ いつくしむ
ア 母親が、わが子をいつくしむ。
イ 大切な本をいつくしむ。

⑥ うさばらし
ア しかられたうさばらしに外出した。
イ うれしくてうさばらしをした。

⑦ かんけつ
ア 質問にかんけつに答えなさい。
イ むずかしい質問をかんけつしなさい。

⑧ 矢先
ア 家の矢先に人が立った。
イ たずねる矢先に相手がやってきた。

ことばの意味 2

月　日
名前

次のことばは、どのような意味ですか。合うものを――で結びましょう。

① 反則　・　・　㋐ 決まりを作ること。

② 規定　・　・　㋑ ききめがあること。

③ 確保　・　・　㋒ 心が勇み立ったあまりに体がふるえること。

④ 有効　・　・　㋓ 規則にそむくこと。

⑤ 武者ぶるい　・　・　㋔ いい気になる。うぬぼれる。

⑥ 思い上がる　・　・　㋕ しっかりと手に入れること。

⑦ 考案　・　・　㋖ むずかしい物事を成しとげようと、あれこれ考えること。

⑧ 経過　・　・　㋗ くふうして考え出すこと。

⑨ 苦心　・　・　㋘ わざとすること。

⑩ 故意《こい》　・　・　㋙ 物事の進行していくさま。

慣用句 １

月　日

名前

1 次の慣用句の使い方で、正しい方に○をつけましょう。

①
- ア 先生の話を、うわの空で聞いた。
- イ そんな話なら、うわの空のことだ。

②
- ア かゆいところに手がとどくような世話をする。
- イ かゆいところに手がとどくような手の長さだ。

③
- ア うまい考えが水のあわのようにうかんでくる。
- イ せっかくの苦労が水のあわになってしまった。

④
- ア ねこの目のように、光りかがやく。
- イ ねこの目のように、気分がよく変わる人だ。

⑤
- ア せきを切ったように泣きだした。
- イ あまりのひどさにせきを切った。

2 次のことばに合う意味を、［　］から選んで（　）に記号で書きましょう。

① なまける （　　）

② さらに遠くへ行く （　　）

③ ひと休みする （　　）

④ うまく言われてだまされること （　　）

⑤ そっくりなこと （　　）

ア 油を売る　イ 息をつく　ウ 足をのばす　エ うりふたつ　オ 口車に乗る

慣用句 2

月　日

名前

1 次の意味に合う慣用句を、[ ]から選んで（　）に書きましょう。

① はずかしく思う　（　　　）

② なんでもなく、容易なこと　（　　　）

③ 気がよく合う　（　　　）

④ 弱音をはく　（　　　）

⑤ おどろいて青ざめる　（　　　）

- 音《ね》を上げる
- 色を失う
- 朝飯前
- 顔が赤くなる
- 馬が合う

2 「目」に関する慣用句を、意味に合うように[ ]から選んで□に記号で書きましょう。

目

① が □ → いそがしい

② が □ → 見分ける力がすぐれている

③ が □ → 良い悪いの見分けがつかない

④ に □ → だまって見ておれない

⑤ を □ → 大目にみる

⑥ を □ → ひいきにする

⑦ を □ → びっくりする

ア 回る
イ あまる
ウ かける
エ 丸くする
オ つぶる
カ 高い
キ くらむ

慣用句 3

月　日　名前

1 次の慣用句は、どのような意味ですか。合うものを——で結びましょう。

① かたぼうをかつぐ	・	・	ア 仲間になる
② だだをこねる	・	・	イ なっとくする
③ 骨を折る	・	・	ウ 心配する
④ 合点がいく	・	・	エ 無理を言う
⑤ 気にかける	・	・	オ 苦労する

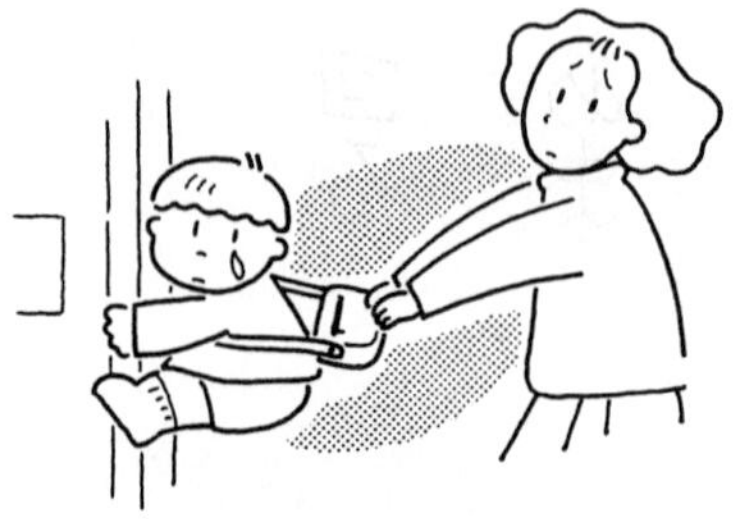

2 「出す」に関する慣用句を、意味に合うように［　］から選んで□に書きましょう。

① いっしょうけんめいに努める。→ □を出す

② ほしがる。はたらきかける。→ □を出す

③ よけいなことを言う。→ □を出す

④ 人前にすがたを表す。→ □を出す

⑤ たいへんつかれる。→ □□を出す

⑥ かくしていたことがばれる。→ □□□を出す

［ あご　手　精　口　しっぽ　顔 ］

慣用句 4

月　日　名前

1 次の慣用句は、色を表す漢字が使われています。□に書きましょう。

① □い目で見る（冷たい態度）

② □色い声を出す（かん高い声）

③ 顔が□くなる（はずかしい）

④ □ざめる（顔から血の気がなくなる）

⑤ はらが□い人（悪だくみ）

⑥ 目を□□させる（おどろくこと）

⑦ 一面の□世界（雪で真っ白）

2 次の慣用句は、体の部分をつけたものです。[　]から選んで書きましょう。また、その意味を選び記号で書きましょう。

① □□で人を使う（　）

② □が軽い（　）

③ □を集める（　）

④ □をぬすむ（　）

⑤ □□をひそめる（　）

⑥ □であしらう（　）

⑦ □が立たない（　）

⑧ □がいたい（　）

体の部分

額　目　まゆ　耳　鼻　口　あご　歯

意味

㋐ とてもかなわない
㋑ ぺらぺらしゃべる
㋒ 言われるのがつらい
㋓ いやそうな顔する
㋔ かくれて何かする
㋕ 冷たくする
㋖ みんなで相談する
㋗ いばった態度で人を使う

対義語 1

月　日

名前

1 次のことばの反対の意味のことばを書きましょう。

① 減少 ―

② 最後 ―

③ 利益 ―

④ 入選 ―

⑤ 人工 ―

⑥ 反対 ―

⑦ 輸出 ―

⑧ 失敗 ―

⑨ 解散 ―

⑩ 心配 ―

2 次のことばの反対の意味のことばを書きましょう。

① 大型 ―

② 旧式 ―

③ 以前 ―

④ 前記 ―

⑤ 前者 ―

⑥ 前進 ―

3 反対の意味をもつ漢字を二つ組み合わせてじゅく語を作りましょう。

朝　師　暗　楽

売　明　弟　苦

買　無　夕　有

対義語 2

月　日
名前

1 次のことばの反対の意味のことばを書きましょう。

① のびる ― □□□
② 増える ― □□
③ 拾う ― □□□
④ 笑う ― □□
⑤ 重い ― □□
⑥ 負ける ― □□
⑦ (目が)あらい ― □かい
⑧ 出る ― □□
⑨ 温める ― □ます
⑩ 浅い ― □□

2 次のことばが、それぞれ反対の意味になるように、[ ]から選んで書きましょう。

(1)
① □質 ― □質
② □なぎ ― □なぎ
③ □進 ― □進
④ □手 ― □手

[後　朝　悪　上　先　夕　下　良]

(2)
① □接 ― □接
② □所 ― □所
③ □数 ― □数
④ □読み ― □読み

[短　問　多　音　直　少　長　訓]

類義語 ー

月　日　名前

1 次のことばと、意味の似たことばを［　］から選んで書きましょう。

① 用心 ー
② 賛成 ー
③ 案外 ー
④ 首府 ー
⑤ 静養 ー
⑥ 美点 ー
⑦ 返事 ー
⑧ 光景 ー

首都　長所　意外　保養
風景　回答　注意　同意

2 似た意味の漢字を二つ組み合わせてじゅく語を作りましょう。

(1)
学　助　身
救　連　体
習　続

(2)
童　黒　速
動　児　活
急　暗

類義語 2

月　日
名前

1 次のことばと、意味の似たことばを選んで○をつけましょう。

① 一生　ア 終生　イ 半生

② 永久　ア 永続　イ 永遠

③ 欠点　ア 短所　イ 欠損

④ 性質　ア 酸性　イ 性格

⑤ 材料　ア 原料　イ 材木

⑥ 基本　ア 本来　イ 根本

⑦ 成長　ア 発育　イ 成功

⑧ 海路　ア 海図　イ 航路

⑨ 代金　ア 料金　イ 貯金

⑩ 名人　ア 有名　イ 名手

2 次の漢字と、意味の似た漢字を［　］から選んで書きましょう。

① 豊―□

② 希―□

③ 生―□

④ 起―□

⑤ 建―□

⑥ 設―□

［望　備　富　立　築　産］

同音異義語　1

月　日
名前

次の文の□に合う漢字を書きましょう。

①
- □□《いし》の強い人。
- □□《いし》が手術する。

②
- □□《えんげい》植物
- □□《えんげい》大会

③
- 天気は□□《かいせい》だ。
- 規則を□□《かいせい》する。

④
- 児童会の□□《かいちょう》
- 機械は□□《かいちょう》に動く。

⑤
- 問題の□□《かいとう》を教える。
- 質問に□□《かいとう》する。

⑥
- 京都を□□《かんこう》する。
- 本を□□《かんこう》する。

⑦
- 仕事が□□《かんせい》する。
- 豊かな□□《かんせい》。

⑧
- 夏休みに□□《きせい》する。
- □□《きせい》虫

⑨
- オリンピック□□《きょうぎ》場
- 議題について□□《きょうぎ》する。

⑩
- 雨天□□《けっこう》（雨でも行うこと）
- □□《けっこう》なみやげ物だ。

同音異義語 2

月　日

名前

次の文に合う漢字を□に書きましょう。

① かんしん

ア □□が深い。

イ □□な子ども。

② さいこう

ア □□速度

イ 計画を□□する。

③ こうえん

ア □□を聞く。

イ バレエの□□

ウ □□を散歩する。

④ かてい

ア □□科

イ □□の案。

ウ 教育□□

⑤ こうか

ア □□の合唱。

イ □□な品物。

ウ □□的な方法。

⑥ じてん

ア 国語□□

イ □□車

ウ 選挙結果は□□

⑦ かいほう

ア 雨戸を□□する。

イ 人質を□□する。

ウ 病気が□□に向かった。

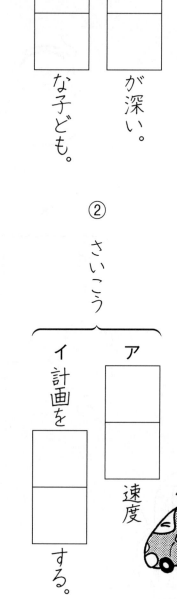

同音異義・同訓異字

月　日

名前

次の文の□に、意味が合う漢字を書きましょう。

①
料理□□《こうしゅう》会
□衆《こうしゅう》電話

②
金属の□□《こうせき》
文化の□□《こうせき》

③
植物□□《さいしゅう》
連休の□□《さいしゅう》日

④
□□《さんせい》意見
□□《さんせい》反応

⑤
□□《ようりょう》よく考える
□□《ようりょう》の大きいコップ

⑥
生命□□《ほけん》
□□《ほけん》室

⑦
□《あつ》い夏
□《あつ》いお湯
□《あつ》い紙

⑧
手に□《と》る
標本に□《と》る

⑨
紙が□《やぶ》れる
試合に□《やぶ》れる

⑩
鳥を飼い□《な》らす
ベルをおし□《な》らす

名詞 1

月　日
名前

ことばの中には、「花」や「鳥」、「日本」や「大阪」など、ものの名前を表すことばがあります。これを名詞《めいし》といいます。

例
ふつうの名詞……花・鳥・電車・学校・人間　など
特別な名詞……日本・大阪・山田・東京タワー　など

1 次のことばのうち、ふつうの名詞には㋐を、特別な名詞には㋑を、（　）に書きましょう。

① 川（　）
② すみだ川（　）
③ ロシア（　）
④ 富士山（　）
⑤ 中央図書館（　）
⑥ 先生（　）
⑦ 鉄道（　）
⑧ ロンドン（　）

名詞の中には、「一つ」や「二台」などの数や量・順番を表す数詞と、「これ」や「あれ」などの代名詞があります。

例
数　詞……一つ・二台・三番・四ひき・五けん　など
代名詞……あれ・これ・きみ・ぼく・かれ　など

2 次のことばのうち、数詞には㋐を、代名詞には㋑を、（　）に書きましょう。

① 三等（　）
② それ（　）
③ わたし（　）
④ 五本（　）
⑤ こちら（　）
⑥ 七人（　）

名詞 2

月　日
名前

1 次の文の中から、名詞《めいし》を選んで□に書きましょう。

① 広い草原を馬が走る。

② おいしいぶどうを一ふさ食べた。

③ 夏休み、わたしは富士山に登った。

④ オリンピックは、四年に一度行われる。

⑤ 父は毎朝、近くの公園を愛犬と歩く。

2 例のように、ことばの形を変えて名詞にしましょう。

例 動く→動き　大きい→大きさ

① 明るい→

② 好む→

③ 作る→

④ 深い→

⑤ 青い→

⑥ 美しい→

⑦ やわらかい→やわら

⑧ すすぐ→

⑨ おおう→

⑩ ゆがむ→

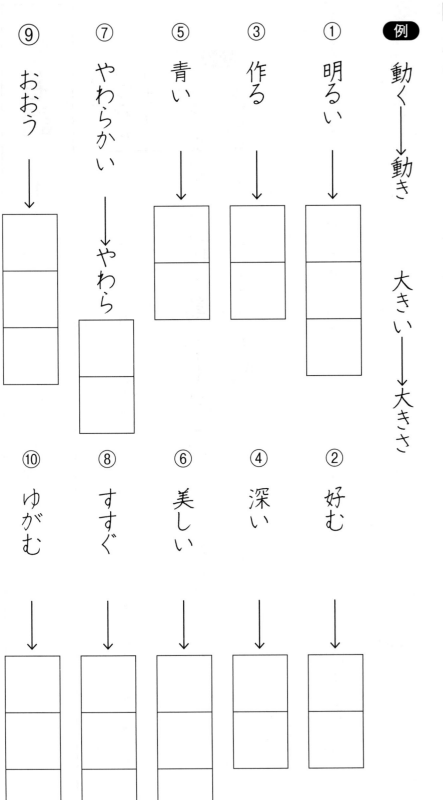

動詞 1

月　日

名前

ことばの中には、人やものの動き・状態の変化や存在《そんざい》を表すことばがあります。これを動詞《どうし》といいます。

例
動きを表す……犬が走る。
状態の変化を表す……石を動かす。
存在を表す……森がある。

1 次のことばから、動詞を選んで○をつけましょう。

① 数える（　）　② 中国（　）
③ 花びら（　）　④ 飛ばす（　）
⑤ 遠足（　）　⑥ 感じる（　）
⑦ いる（　）　⑧ 教室（　）

2 次の文の中から、動詞を選んで□に書きましょう。

① ぼくは遊園地でジェットコースターに乗った。
□□□　□□□

② あしたは遠足だから、早くねよう。
□□□

③ いすの上にくまのぬいぐるみがある。
□□

④ 公園の展望台《てんぼうだい》に登れば、青い海が見える。
□□□　□□□

⑤ カーテンを開けると、太陽の光が差しこんだ。
□□□□　□□□□□

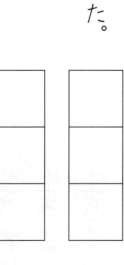

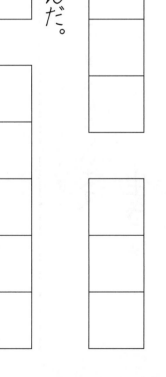

動詞 2

月　日

名前

動詞《どうし》は、使われ方によって形を変えます。言い切る形を基本形といいます。

例

基本形　買う

- 買わない
- 買います
- 買う
- 買うとき
- 買えば
- 買え
- 買おう

基本形　生きる

- 生きない
- 生きます
- 生きる
- 生きるとき
- 生きれば
- 生きよ
- 生きよう

例のように、ことばの形を変えて（　）に書きましょう。

基本形	例 書く	泳ぐ	食べる	植える	来る	する
「○○ない」に連なる	書（か）ない	泳（　）ない	食（　）ない	植（　）ない	（　）ない	（　）ない
「○○ます」に連なる	書（き）ます	泳（　）ます	食（　）ます	植（　）ます	（　）ます	（　）ます
基本形（言い切りの形）	書（く）	泳（　）	食（　）	植（　）	（　）	（　）
「○○とき」に連なる	書（く）とき	泳（　）とき	食（　）とき	植（　）とき	（　）とき	（　）とき
「○○ば」に連なる	書（け）ば	泳（　）ば	食（　）ば	植（　）ば	（　）ば	（　）ば
命令する言い方	書（け）	泳（　）	食（　）	植（　）	（　）	（　）
さそう言い方	書（こう）	泳（　）	食（　）	植（　）		（　）

動詞 3

月　日
名前

1 次の動詞《どうし》を、文に合うように形を変えて書きましょう。

① 泣く　弟は転んでも、（　　）なかった。

② 遊ぶ　弟と妹が仲良く（　　）でいた。

③ 歩く　速く（　　）ば、電車に間に合う。

④ 出す　図書室で、大声を（　　）てはいけません。

⑤ 帰る　雨がふってきたので、急いで（　　）うと思った。

⑥ 聞く　放送をよく（　　）て、行動しよう。

⑦ 飲む　のどがかわいたので、お茶を（　　）う。

2 次の――の動詞を、言い切りの形に変えて書きましょう。

例　学校を休まない。→休む

① 兄は、めったにおこらない。（　　）

② 明日、晴れれば、ハイキングに行く。（　　）

③ 新しいノートとえんぴつを買った。（　　）

④ ろうかを走ってはいけません。（　　）

⑤ 「早く起きろ！」と毎朝起こされている。（　　）

⑥ あきらくん。いっしょにドッジボールをしよう。（　　）

⑦ 山田さんは、きっと約束の時間までに来ます。（　　）

動詞 4

月　日　名前

動詞《どうし》には、主語の動きを表すものと、主語以外のものの動きを表すものがあります。

例
㋐ 主語の動き……ビルが建つ。
㋑ 主語以外の動き……ビルを建てる。

1 次の動詞が表すものが、主語の動きには㋐、主語以外の動きには㋑を書きましょう。

① 氷がとける。（　）　② 木を切る。（　）　③ 芽が出る。（　）
④ 水に流す。（　）　⑤ 枝をのばす。（　）　⑥ 石が当たる。（　）

2 次の——のことばを、文に合うように形を変えて書きましょう。

① こまが回る。
　こまを□□。
② 火が消える。
　火を□□。
③ 目が覚める。
　目を□□□。
④ 花が育つ。
　花を□□□。

3 次の文の主語に合う動詞を書きましょう。

① 上がる　上げる
　㋐ 子どもたちが、たこを□□□。
　㋑ たこが、□□□。
② 起きる　起こす
　㋐ 母が、朝早くわたしを□□□。
　㋑ わたしは、朝早く□□□。
③ 助かる　助ける
　㋐ 子犬の命を□□□。
　㋑ 子犬の命が□□□。

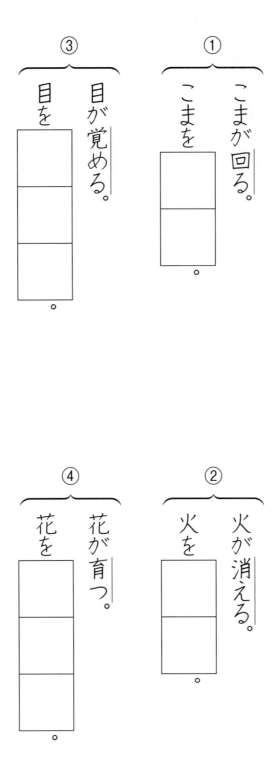

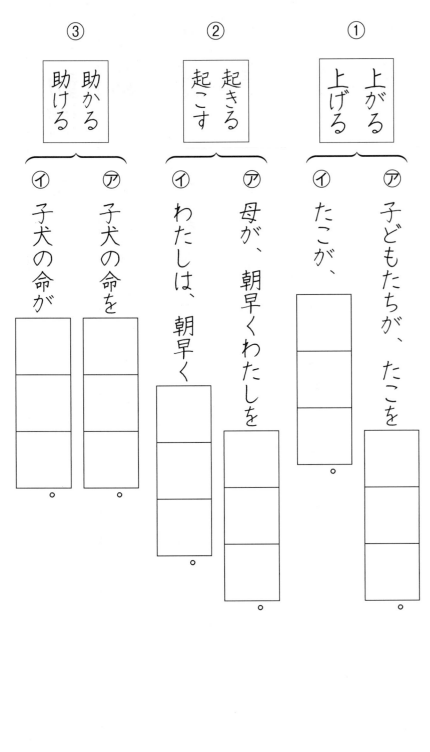

動詞 5

月　日
名前

動詞《どうし》は、「教える」を「教えられる」のように、受け身の形にして使うことができます。

例
ふつうの形　ねこは、ねずみを追いかけた。
受け身の形　ねずみは、ねこに追いかけられた。

1　次の――のことばを受け身の形に変えて書きましょう。

① 兄が、弟をかわいがった。

② 犬が、妹にじゃれついた。

動詞は、「読む」を「読ませる」のように、「～させる形」にして使うことができます。

例
ふつうの形　兄が、ピアノをひく。
～させる形　兄に、ピアノをひかせる。

2　次の――のことばを「～させる形」に変えて書きましょう。

① 弟が、庭をそうじする。

② 妹は、洋服をたたむ。

動詞は、「作る」を「作れる」のように、「～できる形」に直して使うことができます。

例
ふつうの形　十メートルを泳ぐ。
～できる形　十メートルを泳げる。

3　次の――のことばを「～できる形」に変えて書きましょう。

父は、英語を話す。

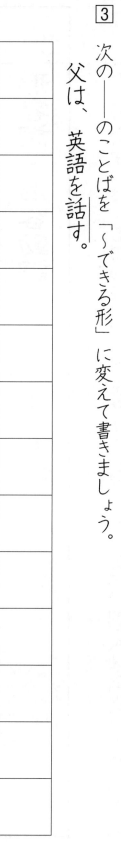

形容詞・形容動詞 ー

月　日　名前

ことばの中には、ものの性質や状態を表すことばがあります。例えば、「高い」や「美しい」などを形容詞《けいようし》といいます。

例

高い ＜ 高い山 ／ 富士山は高い。

美しい ＜ 美しい花 ／ バラの花は美しい。

形容詞は「〜い」と「〜しい」の形をしています。

「〜い」……高い・低い・寒い・暑い・近い・遠い　など

「〜しい」……美しい・楽しい・はげしい・親しい　など

1 次のことばから、形容詞を選んで○をつけましょう。

① 深い（　　）　② 走る（　　）

③ 学校（　　）　④ すずしい（　　）

⑤ 鳴く（　　）　⑥ 温かい（　　）

⑦ やさしい（　　）　⑧ アフリカ（　　）

形容詞と同じように、性質や状態を表すことばがあります。例えば「静かだ」や「きれいだ」などを形容動詞《けいようどうし》といいます。

例

静かだ ＜ とても静かだ。 ／ 静かにしなさい。

名詞に「〜だ」「〜な」「〜に」などがつくと、形容動詞として使われます。

親切だ・正確だ・まっ赤な・高価な　など

2 次のことばから、形容動詞を選んで○をつけましょう。

① ささいな（　　）　② 食べる（　　）

③ 友だち（　　）　④ おだやかだ（　　）

⑤ ゆかいに（　　）　⑥ のどかだ（　　）

形容詞・形容動詞 2

月　日

名前

1 次の文の中で、形容詞《けいようし》に——を引きましょう。

① なつかしいふる里に帰る。

② 黄色いきくの花が、たくさんさいた。

③ 寒い冬が、だんだん近づく。

④ 世界一高い山は、エベレスト山だ。

⑤ あの絵画は、すばらしい。

⑥ 山小屋で、親しい友人と過ごした思い出。

⑦ はげしかった雨もやんで、今は少し晴れ間が見える。

2 次の文の中で、形容動詞《けいようどうし》に——を引きましょう。

① 森の中は、とても静かだ。

② お年寄りを大切にしましょう。

③ 春の山村は、草花がさき、とてものどかだ。

④ その子は、悲しそうにしていた。

⑤ 少女は、にこやかな顔で笑った。

⑥ 長い道のりを、静かな足どりで歩む。

⑦ げんかんには、いつもきれいな花がかざってある。

形容詞・形容動詞 3

月　日
名前

形容詞《けいようし》・形容動詞《けいようどうし》は使われ方によって形を変えます。

例

形容詞	
基本形	
寒い	寒**かろう**
	寒**かった**
	寒**く**なる
	寒**い**とき
	寒**けれ**ば

形容動詞	
基本形	
きれいだ	きれい**だろう**
	きれい**だっ**た
	きれい**に**なる
	きれい**な**とき
	きれい**なら**ば

1 次の□に合うことばを［　］から選んで、文に合うように形を変えて書きましょう。

① 台風が近づいて来て、雨が□□□□なった。

② もう少し、背《せ》が□□□ば、いいのになあ。

③ 川の水は、びっくりするほど□□□□た。

④ お化けやしきなんて、□□□ない。

⑤ 今日は、気温が三十度をこえて、□□なる。

［ こわい　高い　はげしい　冷たい　暑い ］

2 次の——のことばを、文に合うように形を変えて書きましょう。

① 有名だ　美術館で、ゴッホの□□□絵を見た。

② 静かだ　会場は、水を打ったように□□□□た。

③ にぎやかだ　秋祭りの日は、とても□□□□□□う。

④ さわやかだ　雨が上がって、□□□□□朝だ。

⑤ きれいだ　みんなでそうじをすれば、□□□□なる。

副詞

月　日　名前

動作の状態や程度を表すことばがあります。例えば、「すっかり」や「かなり」などを副詞《ふくし》といいます。

例

すっかり　よくなる。

かなり　速い。

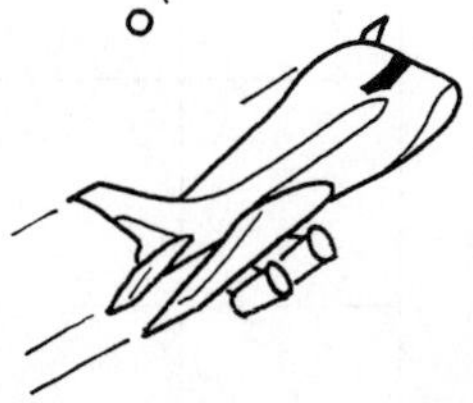

状態を表す……しとしと・きらきら・トントン・いよいよ　など

程度を表す……ちょっと・ゆっくり・きわめて・とても　など

このほか、「ぜひ」「まさか」「けっして〜ない」なども副詞の仲間です。

1 次のことばから、副詞を選んで○をつけましょう。

① ザーザー（　）

② 起きる（　）

③ えんぴつ（　）

④ ちらちら（　）

⑤ ずいぶん（　）

⑥ とじる（　）

⑦ ようやく（　）

⑧ もっと（　）

2 次の□に合うことばを、[　]から選んで書きましょう。

① 春の小川は、□□□□流れる。

② たいこを□□□□たたく。

③ 父は、□□□太っています。

④ 雨が、□□□□ふりだしました。

ゆっくり	しとしと	とても	ドンドン

いろいろなふ号 ―

月　日
名前

1 次のふ号は、どんなときに使いますか。（　）にあてはまるふ号を、[　]から選んで記号で書きましょう。

① 一つの文の終わりにつける。（　）
② ことばをいくつかならべるときに使う。（　）
③ 語句や文について、特に注意することを書き加えるときに使う。（　）
④ 会話、または語句を引用するときに使う。（　）
⑤ 会話の中に、さらに語句を引用するときに使う。（　）
⑥ 同じ漢字がくり返されるときに使う。（　）
⑦ 説明をおぎなったり、文末をとちゅうで止めたりするときに使う。（　）
⑧ 文の中の意味の切れ目につける。（　）

㋐ 中点（・）　㋑ 句《く》点（。）　㋒ かぎ（「　」）　㋓ かっこ（（　））
㋔ 二重かぎ（『　』）　㋕ 読《とう》点（、）　㋖ ダッシュ（――）　㋗ かさね字（々）

2 次の文に読点（、）を一つつけて、㋐「自転車で行ったのは、兄。」㋑「自転車で追いかけたのは、ぼく。」の意味になるように書きましょう。

ぼくは自転車で先に行った兄を追いかけた。

㋐

㋑

いろいろなふ号 2

月　日　名前

1 次の文にふ号、句点（。）・読点（、）・かぎ（「　」）・二重かぎ（『　』）をつけましょう。

① 村の　小学校は　山の　上に　あったので　通うのが　たいへんだった

（句点一つ・読点二つ）

② 春は　もうすぐ　やって　くるよ　母うさぎは　子うさぎに　言いました

（句点二つ・読点二つ・「　」一つ）

③ お父さんは　小さいころは　本を　よく　読んだよ　銀河鉄道の夜　とかね　と話してくれた

（句点三つ・読点二つ・「　」一つ・『　』一つ）

2 次の文の——の部分を、〈　〉のふ号を使って書き直しましょう。

① 東南アジアには、タイ　マレーシア　シンガポールなどの国があります。

〈中点（・）〉

東南アジアには、　　　　国があります。

② 奈良に都が移されました七一〇年。

〈かっこ（　）〉

奈良に都が　　　　。

③ シーラカンスは、生きた化石とよばれている。

〈かぎ「　」〉

シーラカンスは、　　　　よばれている。

④ たくさんの人人《ひとびと》が口口《くちぐち》に、おめでとう。と言い合っている。

〈かさね字（々）・かぎ「　」〉

たくさんの　　　　と言い合っている。

文の組み立て１

月　日　名前

例１

牛は、牧草を食べる。（主語：牛は、／述語：食べる。）

牛は、食べる。

右の文は、主語と述語が一つの組になっています。これが**文の基本形**です。

例２

父と母は、もうすぐ来る。（主語：父と母は、／述語：来る。）

父と母は、来る。

主語は「父と」「母は」と二つありますが、「来る」のは「父と母」の両方なので、主語と述語は、一つの組と考えます。

１　次の文の主語に――を、述語に～～を引きましょう。くわしくしていることばを矢印で示しましょう。

① 犬は、森に向かって走り出した。

② 君とぼくが、その試合に出ます。

③ ふたりは、みかんを食べました。

④ 赤い花びらが、水面にそっとうかんだ。

⑤ 美しいな、富士山は。

２　一つの文になるように、［　］のことばをならべかえましょう。

① （　　　　）、本を（　　　　）。

② バラの（　　　　）、きれいに（　　　　）。

③ 夜空の（　　　　）、きらきら（　　　　）。

［　星が　花が　ぼくは　読みます　さきました　光った　］

文の組み立て 2

月　日

名前

例

花は（主語）　さき、（述語）　鳥は（主語）　さえずる。（述語）

1：花は → さき　2：鳥は → さえずる

右の例のように、二つの文を結びつけて、一つの文にすることがあります。このとき、主語と述語の組は**1**と**2**の二つになります。「花は」と「さき」が組となり、「鳥は」と「さえずる」が組になります。

次の文の主語に――を、述語に～～を引いて、主語と述語の組を二つ示しましょう。くわしくしていることばを矢印で示しましょう。

① 兄は学者になり、わたしは医者になった。

② 雨がふりだし、かみなりが鳴りだした。

③ 赤ちゃんが泣くので、姉はその子をあやした。

④ 父は出かけましたが、母は家にいます。

⑤ 父が車を運転し、母は後ろの席に乗った。

⑥ きのう、学校で学級会が開かれ、弁論《べんろん》大会の出場者が決まりました。

文の組み立て ３

月　日　名前

例

母が（主語）　買ってくれた（述語）　ぼうしは、（主部）　白い。（述語（述部））

右のように、「母が」が主語で、「買ってくれた」が述語です。この二つのことばは、「ぼうし」をくわしくします。「母が買ってくれたぼうしは」が全体の主部（主語のはたらきをするかたまり）になります。主部の中に、もう一つ別の主語、述語の関係がふくまれます。

1　次の文の主部に＝＝を、述部に〜〜を引きましょう。また、主部の中にある主語に——を、述語に……を引きましょう。くわしくしていることばを矢印で示しましょう。

① 君が言ったことは、正しい。

② 地しんが起こるといううわさが、広まった。

例

わたしは、（主語）　妹が（主語）　遊んでいる（述語）のを　見ていた。（述語）

右のように、「わたしは」が主語で、「見ていた」が述語です。「妹が遊んでいる」は、述語「見ていた」をくわしくしていて、その中に主語の「妹が」、述語の「遊んでいる」がふくまれます。

2　次の文の主語に＝＝を、述語に〜〜を引きましょう。また、述語をくわしくしていることばの中で主語に——を、述語に……を引きましょう。くわしくしていることばを矢印で示しましょう。

① 弟は、子犬が走るのを見守った。

② つり人は、魚がかかるのをじっと待った。

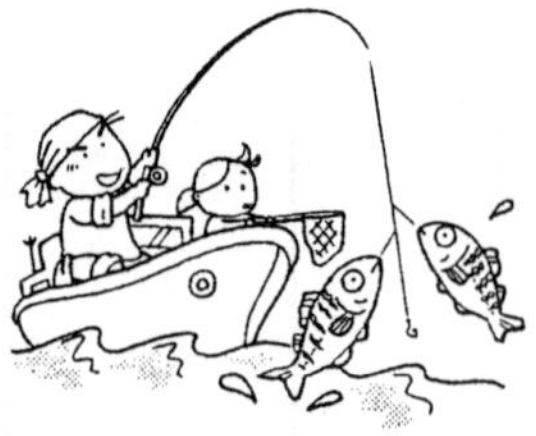

文の組み立て 4

月　日　名前

例

黒い　大きな　犬が、　とつぜん　はげしく　ほえる。

主語　　述語

文の基本形

犬が、ほえる。

黒いや大きなは、どんな犬かをくわしく説明していることば（修飾語《しゅうしょくご》）です。

とつぜんやはげしくは、どのようにほえたかをくわしく説明していることばです。

1 次の文の――線のことばを修飾していることばを、すべてぬき出しましょう。

① くじらのような白い雲が、空にうかんでいる。

（　　　　）

② わたしは、ろう下で長い間友だちを待った。

（　　　　）

③ あざやかな大輪の花火が、夜空に広がった。

（　　　　）

④ 校門のそばに、大きな桜の木が二本ある。

（　　　　）

⑤ 姉は、CDを聞きながら宿題をする。

（　　　　）

2 次の文を、例のように二つの文に書きましょう。

例 妹が世話をした朝顔がさいた。

（妹が朝顔を世話した。）（その朝顔がさいた。）

母が作ってくれたグラタンはおいしい。

その

指示語

月　日　名前

1 次の文に合う指示語を、[　]から選んで書きましょう。

① わたしは、家の近くの公園に行った。[　　]には、きれいな花がさいていた。

② ぼくは、土曜日、父と博物館に行った。[　　]ときのことを作文に書こう。

③ 向こうに白い建物が見えるでしょう。[　　]が市民病院です。

④ おいしいりんごが送られてきた。[　　]は信州のおじさんから送られてきたものだ。

[これ　その　そこ　あれ]

2 次の文の指示語が指しているものを書きましょう。

> 「鉄は熱いうちに打て」ということわざがあります。①これには、どういう意味があるのでしょうか。
> それは、「かたい鉄でも、高熱で焼けて真っ赤になっているとやわらかい。②そのときをのがさず、③それを打って、きたえておきなさい。」という意味です。
> つまり、④このことわざは、まだわかいときに、しっかりと心や体をきたえておくことが大切だという教えなのです。

① これ……（　　　　　　　ことわざ）

② その……（　　　　　でも　　　　　とき）

③ それ……（　　　　　　　）

④ このことわざ……（　　　　　　　）

接続語

月　日
名前

1 次の文の□に合う接続語を、[　]から選んで書きましょう。

① 朝は雨がふった□□、午後からは晴れた。

② まさる君は、体も大きい□、力も強い。

③ 大雨がふった□□、キャンプファイヤーは中止になった。

④ もう少し練習すれ□、二重とびができそうだ。

⑤ 日曜日はサッカーをしたり、ゲームをし□□して過ごす。

⑥ 何度計算し□□、正しい答えにならない。

し　たり　ても　のに　ので　ば

2 次の文を、例のように二つの文にしましょう。

例 最後まで接戦だったが、試合は負けてしまった。（けれども）
最後まで接戦だった。けれども、試合は負けてしまった。

① 頭がいたかったので、薬を飲んでねた。（だから）

② ちょう上に着くころには、足がいたくなったし、おなかもすいてきた。（そのうえ）

和語・漢語・外来語 ー

月　日

名前

和語…もともと日本にあったことばで、漢字で書いてあっても「訓」で読むことば。やわらかい感じがする。

漢語…昔、中国から日本に入ったことばで、漢字を「音《おん》」で読むことば。かたい感じがする。

外来語…近代になって、アメリカやヨーロッパの国々との交わりの中で、日本語に取り入れられた外国のことば。かたかなで書き表す。

1 次のことばは、㋐和語、㋑漢語、㋒外来語のどれにあたりますか。□に記号を書きましょう。

① 表現 □
② カステラ □
③ 初雪 □
④ ランチ □
⑤ 集合 □
⑥ 雨水 □
⑦ 宿屋 □
⑧ ホテル □
⑨ 旅館 □
⑩ テキスト □
⑪ 帰省 □
⑫ 夏休み □

2 ――のことばを、漢語に書きかえましょう。

① ひとり旅にでる。
② あした国語のテストがある。
③ みんなでいっしょに歌おう。
④ 父のしゅみは、山登りです。
⑤ 池の周りは、フェンスで囲まれている。

和語・漢語・外来語 2

月　日　名前

1 次のことばの読み方を、漢語はかたかなで、和語はひらがなで書きましょう。

例 水車（スイシャ）〔みずぐるま〕

① 水辺の生物について調べる。（　　）〔　　〕
生物ですから、早くめしあがってください。（　　）〔　　〕

② 風車小屋のある景色。（　　）
妹が風車を回している。〔　　〕

③ 年月　漢語（　　）和語〔　　〕
④ 色紙　漢語（　　）和語〔　　〕
⑤ 草原（　　）〔　　〕
⑥ 国境（　　）〔　　〕
⑦ 明日（　　）〔　　〕
⑧ 市場（　　）〔　　〕

2 次のじゅく語について、和語には㋻、漢語には㋕をつけ、読み方を書きましょう。

① 風雨（　）〔　　〕／雨風（　）〔　　〕
② 原野（　）〔　　〕／野原（　）〔　　〕
③ 品物（　）〔　　〕／物品（　）〔　　〕
④ 人前（　）〔　　〕／前人（　）〔　　〕

3 次の——のことばを、外来語の形に変えて書きましょう。

① 国語の帳面に書く。（　　）
② テレビのせん伝を見た。（　　）
③ 来年のこよみを出す。（　　）
④ 真じゅの首かざりをする。（　　）
⑤ かき氷をさじですくう。（　　）
⑥ 食たくに料理をならべる。（　　）

複合語

月　日
名前

「指す」ということばと、「示す」ということばが結びつくと「指し示す」ということばになります。このように、二つ以上のことばが結びついて、新しい一つのことばになったものを複合語といいます。

1 次のことばを、例のように一つのことばにしましょう。

例 歩く＋始める→（歩き始める）　長い＋くつ→（長ぐつ）

① 積む＋重ねる→（　　）
② 書く＋始める→（　　）
③ かける＋回る→（　　）
④ のり＋まく→（　　）
⑤ あめ＋かさ→（　　）
⑥ 細い＋長い→（　　）
⑦ いね＋かる→（　　）
⑧ 雪＋とける→（　　）
⑨ 消す＋ゴム→（　　）
⑩ 焼く＋飯→（　　）

2 次のことばは、どのような組み合わせでできていますか。□から選んで、記号を書きましょう。

① サービスセンター □
② 紙コップ □
③ 空中飛行 □
④ 消費税 □
⑤ たまご焼き □
⑥ ラジオ放送 □
⑦ 年賀はがき □
⑧ 電子メール □
⑨ 綿雪 □
⑩ スープ皿 □
⑪ ビデオカメラ □
⑫ 紙風船 □

ア 和語と和語　イ 漢語と漢語　ウ 和語と漢語
エ 外来語と外来語　オ 和語と外来語　カ 漢語と外来語

漢字の成り立ち ー

月　日　名前

1 次の文字は、ある漢字の昔の形です。それぞれの形から、今の漢字を考えて書きましょう。

①

②

③

④

⑤

⑥
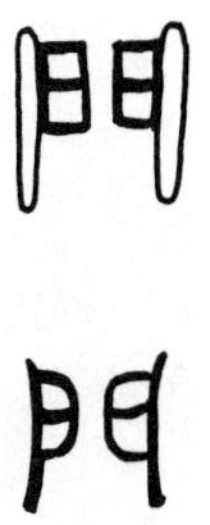

2 次の文は、目に見えないことがらを、印や記号を使って表した漢字の由来です。それぞれどの漢字の由来を述べたものか、□から選んで書きましょう。

① 横ぼうの下に・または｜を印としてつけた字

② 木の下の方に一の印をつけて、木の根もとを表した字

③ 横線を二本重ねてかいて、数の「ふたつ」を表す字

④ 木の上の方に一の印をつけて、もとから遠いところを表した字

上　中　下　本　末　二

3 次の漢字は、二つの漢字の意味を合わせてできた会意《かいい》文字です。それぞれもとになっている二つの漢字を書きましょう。

① 好 → □ ＋ □

② 男 → □ ＋ □

③ 林 → □ ＋ □

④ 信 → □ ＋ □

⑤ 岩 → □ ＋ □

⑥ 相 → □ ＋ □

漢字の成り立ち 2

月　日
名前

1 次の成り立ちでできた漢字を、［　］から選んで書きましょう。

① 目に見える物の形を、具体的にえがいたもの。（象形《しょうけい》文字）
□□□

② 目に見えないことがらを、印や記号を使って表したもの。（指事《しじ》文字）
□□□

③ 漢字の意味を組み合わせたもの。（会意《かいい》文字）
□□□

④ 音《おん》を表す部分と意味を表す部分を組み合わせたもの。（形声《けいせい》文字）
□□□

鳴　草　三　魚　明　月　粉　川　下　銅　休　上

2 次の漢字は、音《おん》を表す部分と意味を表す部分を組み合わせてできたものです。例のように、音を表す部分の読みを（　）に、意味を表す部分を□に書きましょう。

例 板…（ハン）・木
「ハン」という音を表す。
「木」という意味を表す。

① 花…（　）・□

② 週…（　）・□

③ 晴…（　）・□

④ 際…（　）・□

⑤ 格…（　）・□

⑥ 慣…（　）・□

⑦ 漁…（　）・□

⑧ 招…（　）・□

送りがな・かなづかい 一

月　日　名前

1 次の漢字に読みがなをつけ、送りがなを書きましょう。

① 沿（　）（　）
② 至（　）（　）
③ 危（　）（　）
④ 延（　）（　）
⑤ 呼（　）（　）
⑥ 供（　）（　）
⑦ 敬（　）（　）
⑧ 激（　）（　）
⑨ 厳（　）（　）
⑩ 誤（　）（　）
⑪ 刻（　）（　）
⑫ 若（　）（　）
⑬ 従（　）（　）
⑭ 垂（　）（　）
⑮ 認（　）（　）
⑯ 染（　）（　）
⑰ 映（　）（　）
⑱ 尊（　）（　）
⑲ 疑（　）（　）
⑳ 干（　）（　）

2 次のかなづかいで正しい方に○をつけましょう。

① 言葉を　（　）補なう　（　）補う
② （　）難かしい　（　）難しい
③ 神を　（　）拝がむ　（　）拝む
④ 幕を　（　）閉じる　（　）閉る
⑤ （　）幼ない　（　）幼い　子ども
⑥ （　）困まる　（　）困る

3 次の漢字に読みがなをつけましょう。

① 大方（　）　応用（　）
② 公園（　）　遠浅（　）
③ 布地（　）　縮れ毛（　）
④ 引き継ぎ（　）　地図（　）

送りがな・かなづかい 2

月　日
名前

1 次の——のことばを、漢字と送りがなで（　）に書きましょう。（送りがなのないものもあります）

① 列車をおりる（　　）
② 手本をうつす（　　）
③ 実がじゅくす（　　）
④ 会社につとめる（　　）
⑤ 本をさがす（　　）
⑥ 机をならべる（　　）
⑦ ゴミをすてる（　　）
⑧ 山のいただきに着くと、絶景があらわれた。（　　）（　　）
⑨ 足をいためる（　　）
⑩ 手紙をとどける（　　）
⑪ 金をおさめる（　　）
⑫ 不足分をおぎなう（　　）
⑬ いさましく　ふるいたつ（　　）（　　）
⑭ 友人宅をたずねる（　　）
⑮ 大もりのラーメンをたのむ（　　）

2 次のかながきの正しい方に、○をつけましょう。

①（　）ちかぢか（　）ちかじか
②（　）つくづく（　）つくずく
③（　）とうり道（　）とおり道
④（　）ほうずえをつく（　）ほおづえをつく

ふ号の使い方 1

月　日　名前

1 次の文の書き方で、読みやすいものに○をつけましょう。

①
㋐ 今日はとてもさわやかですがすがしい天気です。
㋑ 今日は、とても、さわやかで、すがすがしい、天気です。
㋒ 今日は、とてもさわやかで、すがすがしい天気です。

②
㋐ 「先生、おはようございます。」おはよう、吉田さん。
㋑ 「先生、おはようございます。」「おはよう、吉田さん。」
㋒ 「先生おはようございます」「おはよう吉田さん」

③
㋐ わたしは、映画演劇芸術が大好きだ。
㋑ わたしは、『映画演劇芸術』が大好きだ。
㋒ わたしは、映画・演劇・芸術が大好きだ。

2 次の文を、それぞれのふ号を使って、正しく書きましょう。

① 父の愛読書は、リア王です。（『　』で本の題名を囲む。）

② 石の上にも三年ということわざがあります。（「　」で語句を引用する。）

③ 太陽の表面光球というは、約六千度もある。（――の部分を（　）にして注記を加える。）

ふ号の使い方２

月　日

名前

1 次の文を左側の原稿《げんこう》用紙に書き写しましょう。必要なふ号を入れたり、行がえもしましょう。

わたしは小さいころから父に何でもまじめにやるんだぞと言われていました大きくなった今そのことがなつかしく思い出されます

（ふ号、「 」。）

2 次の文を左側の原稿用紙に書き写しましょう。必要なふ号を入れたり、行がえもしましょう。

秋の校外学習どんぐりっこに参加する人へのお知らせです①日十一月三日火②時間午前九時三十分③場所片道線水田駅前④服装動きやすい服⑤持ち物お弁当軍手以上よく読んでください

（ふ号「 」。―（ ）・、）

ぎ声語・ぎ態語 ―

月　日
名前

1 次の□に合うことばを、［　］から選んで書きましょう。

① □□□□におこる。
② □□□と笑う。
③ □□□□と泣く。
④ □□□□とねむる。
⑤ □□□と飲む。
⑥ □□□□と育つ。
⑦ □□□□と歩く。
⑧ □□□□とすませる。
⑨ □□□□と探す。
⑩ 胸が□□□□する。

・ぱっぱっ　・すたすた　・しくしく　・ごくっ　・すやすや
・かんかん　・がさがさ　・にこっ　・すくすく　・どきどき

2 次のことばに続くことばを、［　］から選んで□に書きましょう。

① こそっと□□□
② ぽろぽろと□□□□□□
③ うふふと□□
④ しんしんと□□□□□
⑤ がつがつと□□□
⑥ あっと□□□□
⑦ どうどうと□□
⑧ ぽんと□□□□□

・なみだを流す　・ひざを打つ　・夜がふける
・おどろく　・のぞく　・食べる　・歩く　・笑う

ぎ声語・ぎ態語　2

月　日
名前

1　次の意味に合うことばを、[ ]から選んで、記号を□に書きましょう。

① 順調に育つ　□
② 急にいなくなる　□
③ 気を使う　□
④ 言い訳が長い　□
⑤ 元気いっぱい　□
⑥ いや気がさす　□
⑦ あせがいっぱい流れる　□
⑧ 軽くたたく　□
⑨ 軽く飛びこえる　□
⑩ 頭をひどく打つ　□

㋐ ぴりぴり　㋑ ひらりと　㋒ コツンと　㋓ つくづく　㋔ ぴんぴん
㋕ ゴツンと　㋖ すくすく　㋗ だくだく　㋘ くどくど　㋙ ぷいと

2　次の文に合うことばを、[ ]から選んで□に書きましょう。

① 石川君は、泣きたいのを□□□こらえた。
② レストランで□□□□走ってはいけません。
③ □□□□□□と鳴く虫の音を聞いた。
④ 背筋をもっと□□□のばしましょう。
⑤ 真美さんは、いつも□□□□意見を言う。

チンチロリン　バタバタ　ぐっと　はきはき　ぴんと

ことわざ 一

月　日

名前

1 上のことわざと、下の意味が合うように――で結びましょう。

① 雨降って地固まる ・　　・ ㋐ 少しの量や少しの努力では、何の役にも立たないこと

② さるも木から落ちる ・　　・ ㋑ 不要でむだなこと

③ 焼け石に水 ・　　・ ㋒ どんな名人でも、ときには失敗する

④ 帯に短したすきに長し ・　　・ ㋓ もめごとなどのあとに、かえって前より良くなる

⑤ 月夜にちょうちん ・　　・ ㋔ ちゅうとはんぱで、役に立たない

2 上のことわざと、下の意味が合うように――で結びましょう。

① 木を見て森を見ず ・　　・ ㋐ 手ごたえがない

② 馬の耳に念仏 ・　　・ ㋑ わずかなものでも積み重なれば大きなものになる

③ ぬかにくぎ ・　　・ ㋒ ものごとを部分的に見て全体を考えない

④ ちりも積もれば山となる ・　　・ ㋓ いくら意見しても、ききめがない

⑤ かっぱの川流れ ・　　・ ㋔ 名人・達人もたまには失敗することがある

ことわざ 2

月　日　名前

次のことわざには、数字が使われています。それぞれに合う漢数字を□から選んで、□に書きましょう。□から意味も選んで、（　）に書きましょう。

① 一事が□《ばん》事 ――（　　）

② □人□《と》色《いろ》 ――（　　）

③ 早起きは□文《もん》の得 ――（　　）

④ □聞《ぶん》は□見《けん》にしかず ――（　　）

一・三・十・百・万

- 朝早く起きると、いいことがある
- 何回も聞くより、一度でも見るとよくわかる
- 考え方や好ききらいなど一人ひとりちがう
- 一つのことを見れば、他のことがすべてがおしはかられる

⑤ □石□鳥 ――（　　）

⑥ □転び□起き ――（　　）

⑦ □□歩□歩 ――（　　）

⑧ □死に□生を得る ――（　　）

一・二・七・八・九・五十・百

- 何回失敗しても、あきらめずにがんばる
- 少しのちがいはあっても、ほとんど同じこと
- 死ぬかと思うところを助かる
- 一つのことをして、二つの得をする

ことわざ 3

月　日
名前

1 次のことわざには、動物の名が入っています。[　]から選んで□に書きましょう。

① 取らぬ□□□の皮算用
② □も歩けば棒に当たる
③ □□□のなみだ
④ □□□のつらに水
⑤ □□□に油あげをさらわれる
⑥ □□に真じゅ
⑦ □□に小判
⑧ 泣きつらに□□

ねこ　ぶた　犬　はち
とんび　たぬき　すずめ　かえる

2 次の文に合うことわざを[　]から選んで記号を書きましょう。

① 「お母さん、この薬はとても苦いよ。飲むのはいやだなあ。」
「（　　）よ。飲まないと治りませんよ。」

② 「あの木村さんが宿題を忘れるなんて。（　　）タイプの人なのに、何かあったのかなあ。」とぼくは思った。

③ 「よし。夏休みに入ったら、五日間で宿題を終わらせるぞ。」
「そんな計画でだいじょうぶ？（　　）だと思うけど。」

④ 「あら、雨だわ。でも、かさを持ってきたから入りませんか。」
「ありがとう。（　　）だね。」

ア 転ばぬ先のつえ　イ 石橋をたたいてわたる
ウ 急がば回れ　エ 良薬は口に苦し

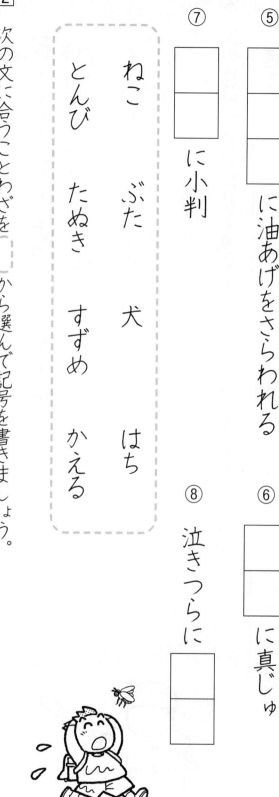

接頭語 ―

月　日　名前

次のように、ことばの前（頭）について、はたらきを強めることばを接頭語《せっとうご》といいます。

・ことばの調子を整えるはたらき……さ＋まよう→さまよう
・味を　めるはたらき……ぼろ＋負け→ぼろ負け
・ていねいにするはたらき……お＋かし→おかし

1 次のことばの接頭語を、［　］から選んで書きましょう。

① □□赤に燃える太陽。
② そんなことは□安いご用だ。
③ 今、悲しみの□□底です。
④ なかなか□きびしい意見だ。
⑤ □細い声であやまった。
⑥ 次の打席で□□とばせ。

［お・手・か・まっ・どん・かっ］

2 次の熟語の接頭語になる漢字を、［　］から選んで書きましょう。

① 明日から□学期です。
② その事件は□解決だ。
③ 大変だ。□火事だ。
④ アニメの□場面を見た。
⑤ □意識に走っていた。
⑥ 試験は、学習の□決算だ。

［未・総・新・無・名・大］

接頭語 2

月　日
名前

接頭語《せっとうご》には、「不」「非」「無」などがついて、否定することばになるものがあります。

1 次の接頭語に合うことばを、[ ]から選んで書きましょう。

① 不□□
② 不□□□
③ 不□□
④ 無□□
⑤ 無□□
⑥ 無□□
⑦ 非□□
⑧ 非□□
⑨ 非□□

常識　可能　理解　公式　まじめ
関係　自由　事故　科学

2 次の文に合う接頭語を、「お」か「ご」から選んで書きましょう。

① 「先生に、きちんと□あいさつしなさい。」
② □みそしるは、体にいいそうです。
③ 「どうぞ、□体に□気をつけて。」
④ 今日、畑山さんは□気げんななめだった。
⑤ 「□意見・□要望をお聞かせください。」
⑥ 「□名前は、こちらに□書きください。」

接尾語 一

月　日　名前

次のように、ことばの後ろについて、意味をつけ加えたり調子を整えることばを接尾語《せつびご》といいます。

・ことばの調子を整えるはたらき……久保＋さん→久保さん

・味をつけ加えるはたらき……油＋こい→油っこい

1 次の文に合う接尾語を、[ ]から選んで書きましょう。

① 君□□は兄弟ですか。

② 中川□はおられますか。

③ かわいい赤□□□の手。

④ 先生□、こちらへどうぞ。

⑤ あいつ□のしわざだ。

⑥ 妹□□□字だなあ。

[らしい・ちゃん・たち・方・様・ら]

2 次の文に合うことばを[ ]から選んで、——の接尾語をつけて書きましょう。

① 兄は□□□□□がるだろうな。

② □□□□□めかしい時計屋。

③ □□□らかな笑い声。

④ 君は□□□□□ぽい性格だね。

⑤ 春のような□□□さだ。

[うれしい・あきる・暖かい・古い・高い]

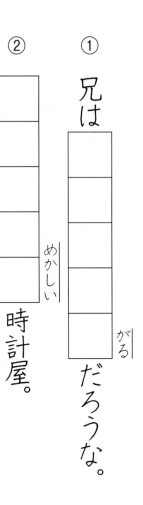

接尾語 2

月　日

名前

1 次の熟語の接尾語《せつびご》になる漢字を、［　］から選んで書きましょう。

① 感動□□なラストシーン。

② たくさんの見物□。

③ 赤い西洋□の家。

④ 運転□になりたいです。

⑤ 日本□の注目を集める。

⑥ 給食□を持っていく。

⑦ やさしい看護□さん。

⑧ 山本□は欠席です。

君・的・師・手・人・風・中・費

接尾語には、数量や順序を表すことばもあります。

2 次のことばに合う接尾語の漢字を書きましょう。

① にわとりが五□

② ノートが三□

③ 紙が二□

④ 競走で一□賞

⑤ 前から三つ□

⑥ 成績は上から三□

⑦ 飛行機が三□

⑧ 牛乳びんが一□

⑨ 自動車が三□

⑩ テストで百□

ことばの意味 1

月　日

名前

次のことばの意味で、正しいものに○をつけましょう。

① とりとめのない話
- ㋐ 要点のない話
- ㋑ 内容のない話
- ㋒ おもしろくない話

② 話をはぐらかす
- ㋐ 話をやめてしまう
- ㋑ 話題をほかにそらす
- ㋒ 話をもりあげる

③ 耳をそばだてて聞く
- ㋐ 耳をぴんと立てて聞く
- ㋑ こっそり聞く
- ㋒ 耳をかたむけ、注意して聞く

④ 巻きぞえをくう
- ㋐ ものごとに巻き込まれる
- ㋑ 巻きずしを食べる
- ㋒ 布を巻きつける

⑤ あえぎながら走った
- ㋐ うでを回しながら走った
- ㋑ 小さい歩はばで素早く走る
- ㋒ ハアハアと息あらく走った

⑥ AとBとは対応する
- ㋐ AとBとが一つになっている
- ㋑ AとBとは向かい合っている
- ㋒ AとBとははなれている

⑦ 仕事がはかばかしくない
- ㋐ 仕事をする気になれない
- ㋑ 仕事の進み具合が悪い
- ㋒ 仕事が気に入らない

⑧ この土地は不毛だ
- ㋐ 土地に牛がいない
- ㋑ 土地が小さい
- ㋒ 土地があれている

ことばの意味２

月　日
名前

次の文中の～～を引いたことばと、同じような意味に使われている文はどちらですか。○をつけましょう。

① キリンは、とても背が高い。

㋐「太一君、また背がのびたね。」

㋑おじいさんは、犬の背をゆっくりなでてやった。

② アメリカでの事故は、とても痛ましいものだった。

㋐事故で骨折した人が、とても痛そうだった。

㋑おばあさんの痛々しい後ろ姿を、ずっと見つめていた。

③ ぼくの父は、株式会社に勤めています。

㋐丸山選手は優勝して、株が上がった。

㋑テレビで、株価の上がり下がりを伝えていた。

④ 妹は、お皿を八枚も洗ってくれました。

㋐「うーん、敵の方が何枚も上だね。」

㋑「先生、折り紙が二枚たりません。」

⑤ 理科の授業で、メダカの胸びれを観察した。

㋐胸に秘めた思いを告白した。

㋑明日は、健康しんだんで胸囲も測ります。

同音異義語 1

月　日
名前

次の文中の□にあてはまる熟語を書きましょう。

①
㋐ その意見に□□《いぎ》を申し立てる。
㋑ 同音□□《いぎ》語

②
㋐ この夏の暑さは□□《いじょう》だ。
㋑ 「□□《いじょう》なし」の報告をする。
㋒ 千円□□《いじょう》のお金

③
㋐ 野球の試合が□□《えんちょう》になった。
㋑ 幼ち園の□□《えんちょう》先生

④
㋐ 技術の□□《かくしん》
㋑ □□《かくしん》の持てる答えをする。

⑤
㋐ 島には□□《きしょう》な生物がいる。
㋑ □□《きしょう》台の発表では、明日は雨だ。

⑥
㋐ □□《しき》折々の花。
㋑ オーケストラの□□《しき》者。

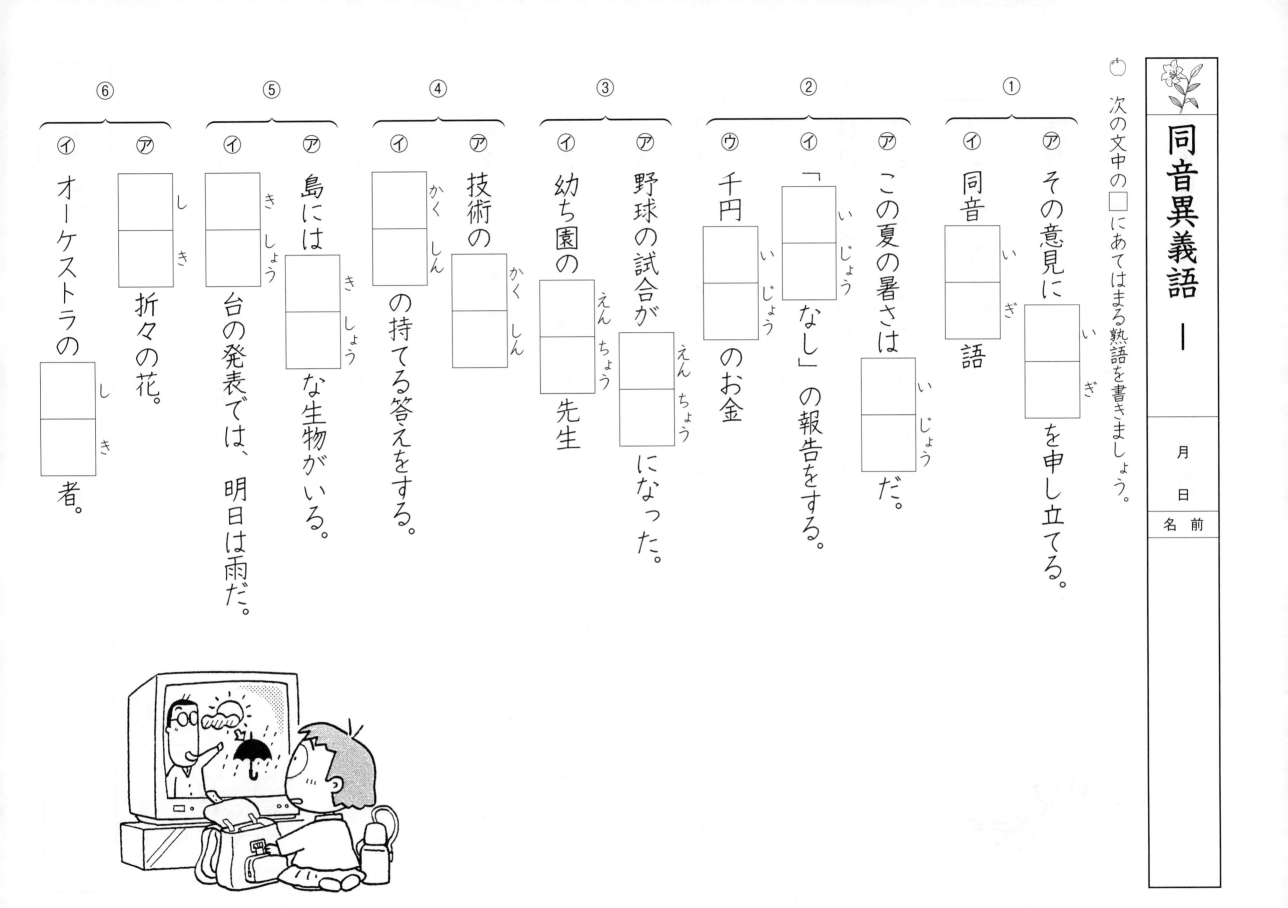

同音異義語 2

月　日

名前

次の文の□に合う熟語を書きましょう。

①しかい
㋐会の進行係□□
㋑見えるはん囲□□

②ていか
㋐決まった値段□□
㋑下がること□□

③ほしょう
㋐安全の□□
㋑品質の□□

④ようし
㋐テストの□□
㋑人の□□

⑤しゅうせい
㋐しゅうかんやくせ□□
㋑まちがいをなおすこと□□

⑥かいてん
㋐□□ずし
㋑店の□□

⑦しゅうかん
㋐十四日は二□□
㋑歯みがき□□
㋒□□雑誌

⑧いどう
㋐勤めが変わる□□
㋑場所を変える□□
㋒もののちがい□□

⑨せいか
㋐研究□□
㋑□□市場
㋒□□リレー

⑩はっせい
㋐□□練習
㋑事件が□□

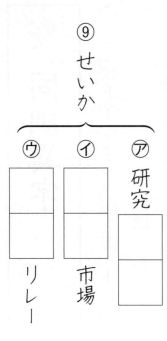

同訓異字

月　日
名前

□にあてはまる漢字を書きましょう。

①
㋐ 計算が□《あ》う
㋑ 人と□《あ》う

②
㋐ 名を□《あ》げる
㋑ 式典を□《あ》げる

③
㋐ ことばに□《あらわ》す
㋑ 姿を□《あらわ》す

④
㋐ 大阪で□《う》まれる
㋑ にわとりが卵を□《う》む

⑤
㋐ 本を□《かえ》す
㋑ 家へ□《かえ》る

⑥
㋐ 声□《が》わり
㋑ 身□《が》わり

⑦
㋐ 夜が□《あ》ける
㋑ 席を□《あ》ける
㋒ 幕が□《あ》く

⑧
㋐ 税金を□《おさ》める
㋑ 国を□《おさ》める
㋒ 学問を□《おさ》める

⑨
㋐ 道が二つに□《わ》かれる
㋑ 友と□《わか》れる

⑩
㋐ 解決に□《つと》める
㋑ 会社に□《つと》める
㋒ 議長を□《つと》める

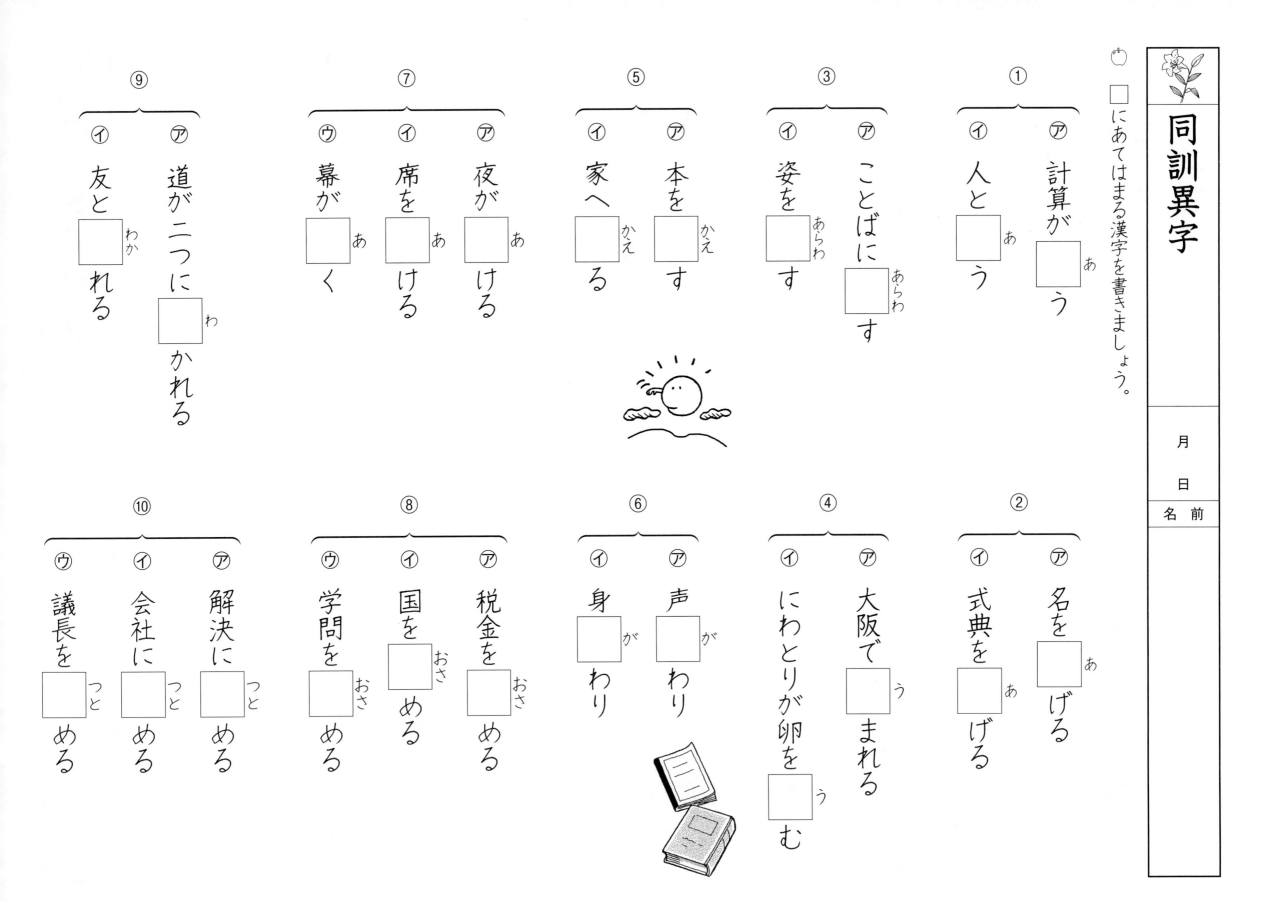

対義語 一

月　日
名前

1 次のことばの反対の意味のことばを、□から選んで（　）に記号で書きましょう。

① 増進↕（　）
② 簡単↕（　）
③ 革新↕（　）
④ 延長↕（　）
⑤ 前衛↕（　）
⑥ 過度↕（　）
⑦ 高価↕（　）
⑧ 異質↕（　）
⑨ 私有↕（　）
⑩ 悪人↕（　）
⑪ 縮小↕（　）
⑫ 加速↕（　）

ア 短縮　イ 保守　ウ 安価　エ 減速　オ 善人
カ 公有　キ 適度　ク 後衛　ケ 複雑　コ 同質
サ 拡大　シ 減退

2 反対の意味をもつ二つの漢字を組み合わせて、熟語を作りましょう。

苦　寒　善　明　悪　訓　軽　暖
公　暗　重　音　裏　楽　表　私

対義語　2

月　日　名前

1 次のことばの反対の意味のことばを、□から選んで書きましょう。

① 上がる ↕ ＿＿

② 高い ↕ ＿＿

③ 行く ↕ ＿＿

④ 厚い ↕ ＿＿

⑤ 開ける ↕ ＿＿

⑥ うれしい ↕ ＿＿

⑦ 貸す ↕ ＿＿

⑧ 難しい ↕ ＿＿

来る　閉める　安い　うすい
借りる　下がる　悲しい　易しい

2 次のことばの反対の意味のことばを書きましょう。

① 可決 ↕ ＿＿

② 完勝 ↕ ＿＿

③ 危険 ↕ ＿＿

④ 簡単 ↕ ＿＿

⑤ 戦争 ↕ ＿＿

⑥ 退化 ↕ ＿＿

⑦ 水平 ↕ ＿＿

⑧ 原因 ↕ ＿＿

⑨ 権利 ↕ ＿＿

⑩ 害虫 ↕ ＿＿

⑪ 部分 ↕ ＿＿

⑫ 先祖 ↕ ＿＿

類義語

月　日　名前

1 次のことばと、意味の似たことばを□から選んで書きましょう。

① 刊行―
② 値段―
③ 有名―
④ 用意―
⑤ 所得―
⑥ 不安―
⑦ 成長―
⑧ 給料―
⑨ 絶賛―
⑩ 進歩―

向上　収入　著名　心配　激賞
賃金　出版　準備　成育　価格

2 似た意味の漢字を二つ組み合わせて熟語を作りましょう。

秘　安　速　囲　任　急　委　密　包　易
倉　想　等　延　庫　思　童　長　同　児

副詞 1

月 日

名前

副詞は、動作の状態・程度・述べ方が、どんなようすかを表します。

例

状態を表すはたらき

雨が、ザーザー降る。

水面が、きらきらと光る。

いよいよ始まる。

1 次の文の中で、副詞に――を引きましょう。

① 戸をトントンたたく音がした。

② 少年は、にっこりと笑った。

③ わたしは、ますます元気です。

例

程度を表すはたらき

スーパーにちょっと出かける。

その公園は、かなり遠い。

学校は、もっと南にあります。

2 次の文の中で、副詞に――を引きましょう。

① その馬は、ゆっくりと走り去った。

② バラが、たいへん美しくさいた。

③ その木は、ずっと昔から、どっしりと立っていた。

副詞 2

月　日
名前

述べ方を表すはたらき

例
宿題は、必ずやりなさい。
まるで、本物のようだ。
もし、まちがいだったら、どうしよう。

1 次の文の中から、副詞に――を引きましょう。

① けっして、そんなことはしません。

② その計画は、きっと成功する。

③ なぜ、そんなにおこるのか。

2 次の文の中から、副詞に――を引きましょう。

① コップに水をたっぷりと入れた。

② 風がピューピューふきはじめた。

③ 粉雪がしんしんと降り続く。

④ 子犬は、ゆっくりと歩き出した。

⑤ 病気は、すっかりよくなりました。

⑥ 参加できなかったことが、とても残念です。

⑦ 仮にそれが正しいとしても、絶対うそはつきません。

助詞 1

月　日

名前

ことばの中には、例えば次のようなものがあります。

例

花が　さく。

花を　いける。

花の　首かざり

右のように「花」にくっつく「が」「を」「の」などを、助詞といいます。

1 次のうち、助詞に——を引きましょう。

① 雨が降る。

② 雪はやむ。

③ 山へ行く。

④ 兄と遊ぶ。

⑤ 本屋に行く。

⑥ 本を読む。

⑦ 川や湖で遊ぶ。

⑧ 木の葉のすき間から光がもれる。

例

魚□食べる。〈 魚が食べる。 魚を食べる。

「魚が食べる。」…魚が（えさなどを）食べることを表し、

「魚を食べる。」…（わたしたちが）魚を食べることを表し、

文の意味が変わります。

2 文の意味がとおるように、□に「が」か「を」を書きましょう。

① 牛□草□食べる。

② 君□本□読む。

助詞　2

月　日
名前

例

文の最後につく助詞があります。

あなたは何才ですか。……（疑問や問い合わせを表す）
魚をとるな。……（禁止を表す）
山に行きたいな。……（希望を表す）
いいなあ。……（感動や願望を表す）
その犬だよ。……（意味を強めて表す）

1　次の文の□に合うことばを、[　]から選んで書きましょう。

① いつ来たのです□。（疑問）
② 許可なく職員室に入る□。（禁止）
③ 明日、晴れるといい□。（希望）
④ 君、百点とれていい□□。（感動）

[なあ　な　な　か]

2　次の文末の「か」は、どんな気持ちを表していますか。[　]から選んで書きましょう。

① これはなんですか。□
② 今日の日を、どれほど待ったことか。□
③ こんな問題、できるか。□
④ いっしょに海へ行きませんか。□

[㋐ 感動　㋑ 疑問　㋒ さそい　㋓ 強調]

助詞 3

月　日
名前

助詞の中には、文をつなぐはたらきのものがあります。

例

今すぐ行けば、間に合う。……（ふつうにつなぐ）

値段は高いが、品物はよい。……（逆の意味の文をつなぐ）

三分待つと、できあがる。……（条件を示しつなぐ）

右の例のほかに、「けれども」「し」「から」「ので」「のに」などもあります。

1 次の文の中で、文をつないでいる助詞に――を引きましょう。

① きのうは雨が降ったが、午後から晴れた。

② 外は寒いから、コートを着よう。

③ 勉強すれば、必ずできる。

④ おいしいケーキだけれど、値段が高い。

⑤ 海にも行きたいし、山にも行きたい。

⑥ バスが駅に着くと、すぐに電車は発車した。

2 次の□に合うことばを、［　］から選んで書きましょう。

① よせばいい□□、すぐ口を出す。

② わからなけれ□、よく聞きなさい。

③ 危ない□□、ろうかは走らない。

④ 残念だ□□□、リレーで負けた。

［ けれど　から　のに　ば ］

感動詞

月　日
名前

会話文の中で感情を表したり・呼びかけ・あいさつなどを表すことばを感動詞といいます。

例
「まあ、きれい。」……㋐（感動を表す）
「おい、君。」……㋑（呼びかけを表す）
「こんにちは。」……㋒（あいさつ）
「はい、わたしです。」……㋓（受け答えを表す）
「どっこいしょ。」……㋔（かけ声を表す）

1 次の――のことばは、例の㋐～㋔のどれにあたりますか。記号で書きましょう。

① 「ほら、見て。」（　）
② 「ええ、そうです。」（　）
③ 「おはよう。」（　）
④ 「よいしょ。」（　）
⑤ 「わあ、びっくりしたよ。」（　）

2 次の文の□に合うことばを、[　]から選んで書きましょう。

① 「□□□、一、二、三。」
② 「□□、そのとおりです。」
③ 「先生、□□□□□。」
④ 「□□、そこの君。」
⑤ 「□□□、変だぞ。」

ねえ
おやっ
さようなら
それ
はい

接続詞

月　日

名前

文と文をつなぐことばに接続詞《せつぞくし》があります。

例

大雨が降るらしい。すると、遠足は中止になる。……㋐（ふつうにつなぐ）

つかれていた。しかし、走り続けた。……㋑（逆の意味の文をつなぐ）

山に行きたい。また、海にも行きたい。……㋒（並べる）

雨が降り、そのうえ、風もふいてきた。……㋓（追加する）

電車、または、バスでおこしください。……㋔（どちらか選ぶ）

〜。ところで、お兄さんはお元気ですか。……㋕（話題を変える）

きのう、学校を休みました。なぜなら、熱が高かったからです。……㋖（理由を加える）

次の——の部分は、例の㋐〜㋖のどれと同じはたらきをしていますか。記号を書きましょう。

① 朝、六時に起きます。それから、散歩に出かけます。（　　）

② おにぎりを二個食べた。さらに、ピザも食べた。（　　）

③ 朝から雨が降っています。でも、旅行には行きます。（　　）

④ 君は山に行きますか。それとも、海に行きますか。（　　）

⑤ 母は病気です。そのために、会合は欠席します。（　　）

⑥ では、これで終わることにします。（　　）

⑦ 写真をとること、並びにスケッチをすることは、禁止です。（　　）

特別な読み方をすることば

月　日

名前

「今日」と書いて「きょう」と読むことがあります。「今」にも「日」にも　そのような読み方はありませんが、ひとまとまりのことばとして「きょう」と読むことができるのです。このように、ことばの中には、全体をひとまとめにして、特別な読み方をするものがあります。

1 次のことばの読み方を（　）に書きましょう。

① 大人（　　）
② 川原（　　）
③ 果物（　　）
④ 今朝（　　）
⑤ 上手（　　）
⑥ 清水（　　）
⑦ 一人（　　）
⑧ 七夕（　　）
⑨ 眼鏡（　　）
⑩ 二日（　　）
⑪ 迷子（　　）
⑫ 二人（　　）
⑬ 下手（　　）
⑭ 二十日（　　）
⑮ 八百屋（　　）

2 次の——のことばの読みがなを書きましょう。

① お母さん（　　）
② お父さん（　　）
③ 兄さん（　　）
④ 姉さん（　　）
⑤ 手伝う（　　）
⑥ 真っ赤（　　）
⑦ 真っ青（　　）

3 次の読み方をする漢字を書きましょう。

① ついたち
② きのう
③ きょう
④ あす
⑤ ことし
⑥ とけい
⑦ ともだち
⑧ へや
⑨ はかせ
⑩ けしき

漢字の形と音・意味

月　日
名前

1 □の中に、同じ部分と同じ音をもつ漢字を書きましょう。

①
ア □《きゅう》人広告
イ □《きゅう》急車
ウ □《きゅう》技大会

②
ア 二十一世□《き》
イ 新聞□《き》事
ウ 人類の□《き》源

③
ア □《せき》任感
イ □《せき》雪量
ウ 成□《せき》表

④
ア 規□《そく》を守る
イ 箱の□《そく》面
ウ 体重□《そく》定

⑤
ア □《せい》潔な服装
イ 快□《せい》の空
ウ □《せい》密機械

⑥
ア □《こう》通安全
イ □《こう》果的
ウ 小学□《こう》

2 次の漢字に共通する音読みを書きましょう。

① 各　格　閣　（　　）

② 司　詞　飼　（　　）

③ 豆　登　頭　（　　）

④ 官　管　館　（　　）

3 ■に共通して入る、漢字の部分と部首名を書きましょう。また、その部分が表す意味を［　］から選んで、記号を書きましょう。

			部分・部首名	
① 首	斤	袁	（　・　）	□
② 昜	市	匋	（　・　）	□
③ 豆	彦	客	（　・　）	□
④ 至	佰	由	（　・　）	□

ア 月（肉・体）
イ 頭・顔
ウ 家・屋根
エ 竹
オ 道・進むこと
カ 手

単文・重文・複文 ー1

月　日　名前

例
妹は三年生だ。……（単文　主語と述語が一組ある）
妹は三年生で、弟は一年生だ。……（重文　二つ以上の単文からなる）
サッカーが得意な弟は一年生だ。……（複文　その中にあることばを修《しゅう》飾《しょく》する部分が単文になる）

1 次の文は、単文・重文・複文のどれか、（　）に書きましょう。

① 花がさき、鳥が歌う。（　　）
② 家の外で、ねこが鳴いている。（　　）
③ ぼくは、ボールが転がるのを見ていた。（　　）
④ 弟がつってきた魚が、元気に泳いでいる。（　　）
⑤ くじらは、ほ乳類で、ペンギンは鳥類だ。（　　）
⑥ 夕焼けの空が、真っ赤に染まった。（　　）

2 次の文の組み立てを考えて、図に表します。□にあてはまることばを書きましょう。

① これは、兄が書いた習字です。

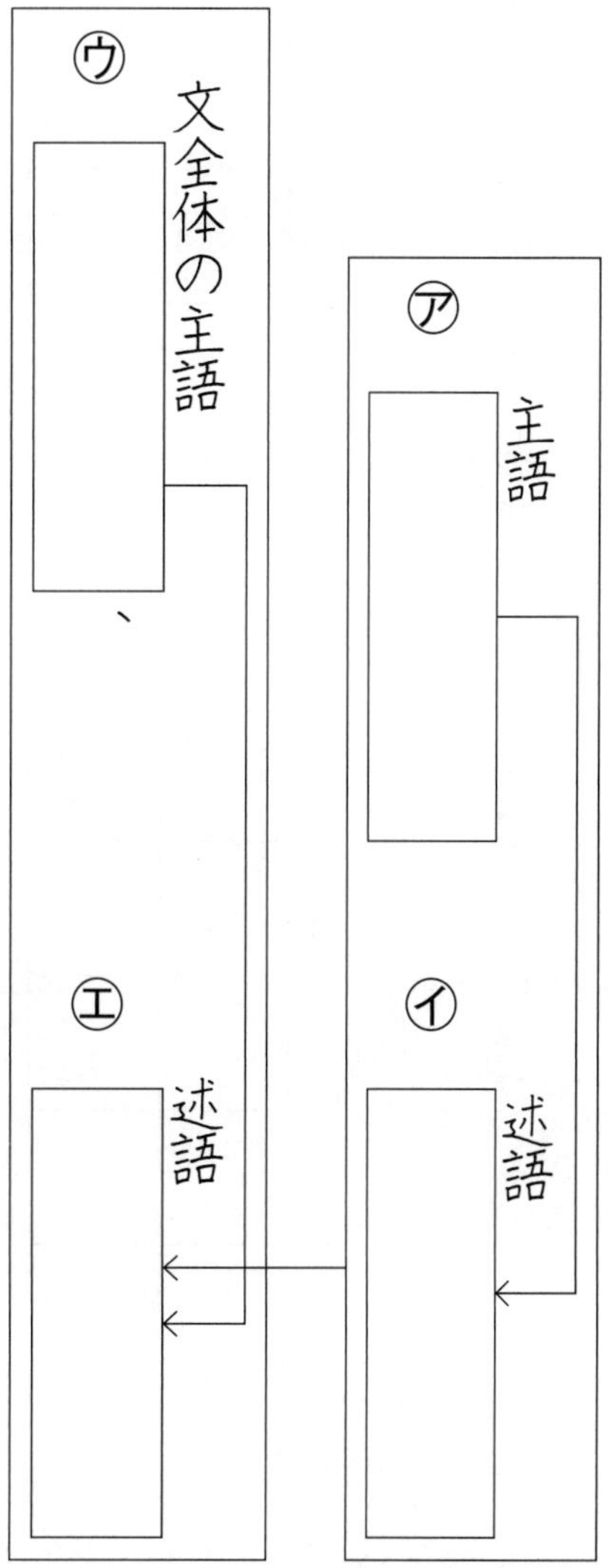

② わたしは、花がさいている公園を散歩した。

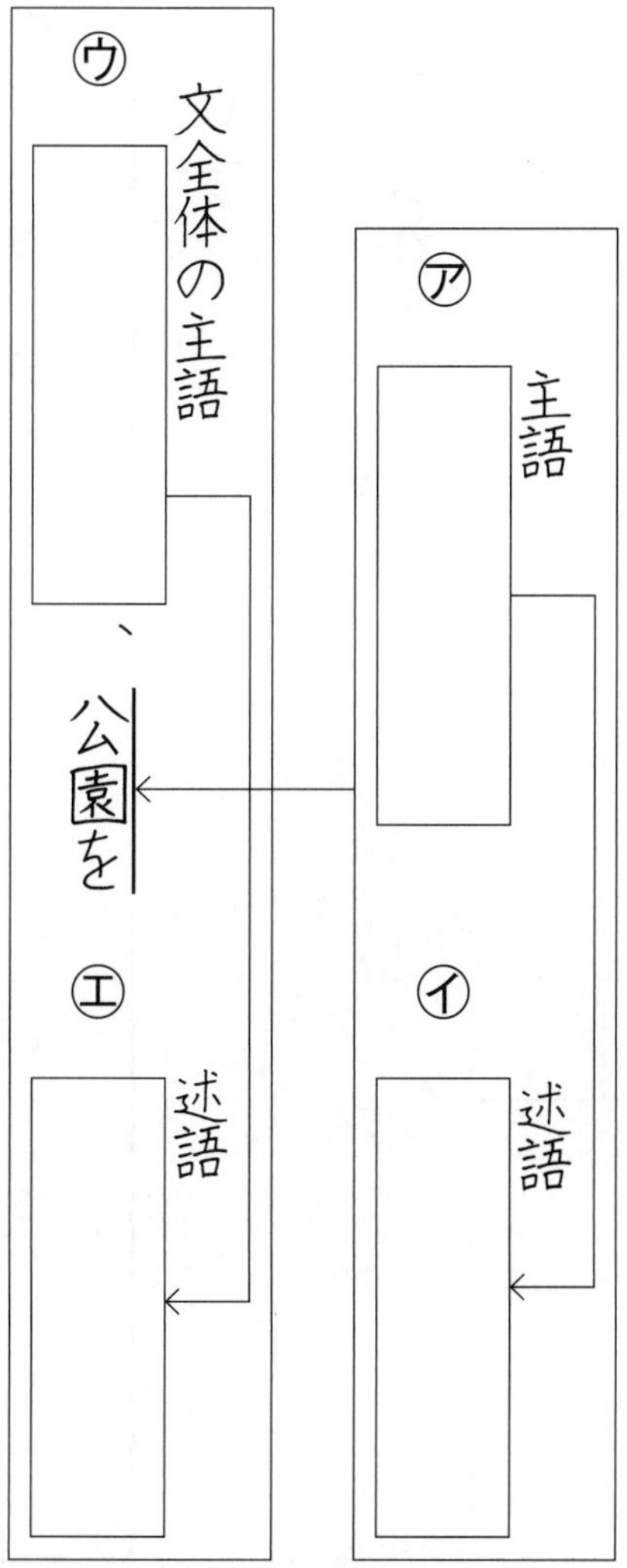

単文・重文・複文 2

月　日

名前

1 次の二つの単文から、重文を作りましょう。

① ぼくは本を読む。妹はテレビを見る。

② かみなりが鳴った。雨が激しく降ってきた。

2 例のように、主語に——を、述語に～～を、修飾語《しゅうしょく》に＝＝を引きましょう。

例 父が つった 魚は 大きい。

① ぼくが 育てた きゅうりが 実った。

② 桜が さく 春が 近づいてきた。

③ わたしは、バスが 走りだしたのを 見た。

④ 弟が 追いかける アメンボは、すばしこい。

3 次の複文で、——を引いた部分が修飾することばを（　）に書きましょう。
また、——の部分を単文にして□に書きましょう。

① 姉がいっしょうけんめい書いた習字が、コンクールに入選した。

（　　）

② わたしたちは、夕日のきれいな海岸に着いた。

（　　）

常体の文・敬体の文

月　　日

名前

1 次の文で、常体の文には㋐、敬体の文には㋑を書きましょう。

① （　）ぼくは、六年生です。

② （　）明日は、雨になるだろう。

③ （　）妹は、とても元気だ。

④ （　）先生が、教室に来られました。

⑤ （　）弟は、むし歯にちがいない。

⑥ （　）いっしょに、運動場で遊ぼう。

2 次の文の文末を変えて、常体の文にしましょう。

① 探しものが、見つかりません。

（　　　　　　　　）

② 大山さんは、病気にちがいありません。

（　　　　　　　　）

③ こわい夢を見て、目が覚めました。

（　　　　　　　　）

④ みんなで、この合唱曲を歌いましょう。

（　　　　　　　　）

3 次の文の文末を変えて、敬体の文にしましょう。

① こんどのテストは、難しそうだ。

（　　　　　　　　）

② 家で熱帯魚を飼っている。

（　　　　　　　　）

③ 意見を言うことができなかった。

（　　　　　　　　）

④ いっしょに買い物に行こう。

（　　　　　　　　）

文末の表現

月　日

名前

1 次の文は、過去・現在・未来のどれですか。（　）に書きましょう。

① 今、かみなりが鳴っている。（　）

② もうすぐ、かみなりが鳴るだろう。（　）

③ 昨日、かみなりが鳴った。（　）

2 「休む」ということばを変化させて、（　）に書きましょう。

① 〈過去〉昨日、中村くんは、学校を（　）。

② 〈現在〉今、中村くんは、学校を（　）。

③ 〈未来〉明日、中村くんは、学校を（　）。

3 次の文は、㋐～㋓のどの文にあたりますか。［　］から選んで（　）に記号を書きましょう。

① 早く宿題をすませなさい。（　）

② まだ宿題が終わりません。（　）

③ もう十時だから、宿題はやめなさい。（　）

④ 宿題は終わりましたか。（　）

［㋐ 打ち消しの文　㋑ 禁止する文　㋒ 質問・疑問の文　㋓ 命令の文］

4 次の文は、㋐～㋔のどの文にあたりますか。合うものを――で結びましょう。

① 転校生が来るそうだ。・　　・㋐ 確信した言い方

② 転校生が来てほしい。・　　・㋑ おしはかった言い方

③ 転校生が来る。・　　・㋒ 人から聞いた言い方

④ 転校生が来るらしい。・　　・㋓ 疑問に思っている言い方

⑤ 転校生は来るだろうか。・　　・㋔ 希望を表す言い方

熟語 1

月　日　名前

1 次の熟語は、①〜④のどの組み合わせでしょう。［　］から選んで、［　］に書き入れましょう。

① 似た意味の漢字の組み合わせ

② 意味が対になる漢字の組み合わせ

③ 上の漢字が下の漢字を修飾《しゅうしょく》する関係にある組み合わせ

④ 「―を」「―に」にあたる意味の漢字が下に来る組み合わせ

遠近　古都　帰国　道路　温泉　公私
養蚕　玉石　洗顔　創造　山頂　行進

2 次の漢字三語の熟語の組み立てに合うものを［　］から選んで、記号で書きましょう。

① 二字の語の頭に一字を加えた熟語

② 二字の語の後ろに一字を加えた熟語

③ 一字の語の集まりから成る熟語

㋐市町村　㋑新記録　㋒低学年　㋓記念品　㋔年月日　㋕美術館
㋖高気圧　㋗衣食住　㋘時刻表　㋙大自然　㋚著作権　㋛松竹梅

熟語 2

月　日　名前

1 意味を打ち消す漢字「不・無・非・未」のうち、合うものを□に入れて、熟語を作りましょう。

① □常識　② □解決　③ □重力　④ □安定

⑤ □制限　⑥ □売品　⑦ □規則　⑧ □成年

2 □に「化・的・性」のうちの合うものを書きましょう。

① 地球の温暖□現象

② 地しんが起こる可能□

③ サッカーは国民□スポーツだ

④ 情報□社会

⑤ 日本人の国民□は勤勉さだ

⑥ 都会□なふんいきの店

3 次の熟語を意味の上で二つに分けるには、どこで区切るとよいでしょう。（　）に記号を書きましょう。

① 水 ア 族 イ 館（　）

② 臨 ア 時 イ 列 ウ 車（　）

③ 市 ア 役 イ 所（　）

④ 天 ア 気 イ 予 ウ 報（　）

⑤ 銀 ア 河 イ 系（　）

⑥ 海 ア 水 イ 浴 ウ 客（　）

⑦ 消 ア 防 イ 署（　）

⑧ 大 ア 運 イ 動 ウ 会（　）

4 □に合う漢数字を入れ、四字熟語を作りましょう。

① □長□短　② □人□色　③ □苦□苦

④ □石□鳥　⑤ □差□別　⑥ □発□中

熟語 3

月　日　名前

1 次の熟語の読みがなを（　）に、また、読み方の組み合わせを□から選んで、□に記号を書きましょう。

①（　）収納 □
②（　）大勢 □
③（　）台所 □
④（　）片道 □
⑤（　）条約 □
⑥（　）織物 □
⑦（　）銀色 □
⑧（　）米俵 □
⑨（　）布地 □
⑩（　）仕事 □
⑪（　）荷物 □
⑫（　）目標 □

㋐ 音読み（上も下も音で読む。）
㋑ 訓読み（上も下も訓で読む。）
㋒ 重箱《ジュウばこ》読み（上は音、下は訓で読む。）
㋓ 湯桶《ゆトウ》読み（上は訓、下は音で読む。）

2 次の熟語は、長いことばを短くした略語です。もとの長いことばを書きましょう。

① 特急↓
② 入試↓
③ 国体↓
④ 国連↓

3 □にあてはまる漢字を書きましょう。

① じがじさん
② きしかいせい
③ しんきいってん
④ ゆうめいむじつ
⑤ じごうじとく
⑥ くうぜんぜつご
⑦ じゃくにくきょうしょく
⑧ むがむちゅう
⑨ いくどうおん

文章 一

月　日

名前

1 次の文は、〔イノシシの巣の作り〕、〔巣の中のイノシシのようす〕を表したものです。この順になるように、文の番号を書きましょう。

① イノシシの巣は、森の中にあります。

② 四ひきのイノシシは、お母さんイノシシを中心に、体を寄せ合ってねむっていました。

③ 一メートルほどの穴に、草をしきつめた巣です。

④ 巣の中には、背中にうすい黒いたてじまのある赤んぼうのイノシシ四ひきと、お母さんイノシシがいます。

① → □ → □ → □

2 次の文は、〔カブトムシの体と生活のようす〕、〔カブトムシのなかま〕を表したものです。この順になるように、文の番号を書きましょう。

① カブトムシは、かたい前ばねを持った甲虫《こうちゅう》と呼ばれる虫です。

② カブトムシのなかまには、ノコギリクワガタやミヤマクワガタなどがいます。

③ また、カブトムシは、かれ葉や土の中にすみ、昼間は巣の中にいて、夜にクヌギなどの樹液を吸いに行きます。

④ カブトムシのオスは、頭の上に大きな角と小さな角が一本ずつ生えています。メスには角はありません。

① → □ → □ → □

文章 2

月　日
名前

1 次の文は、〔日本にすむトンボ〕について書いたものです。一つの文章になるように、番号を書きましょう。

① 日本には、大昔からトンボが多いと言われています。

② これらは、トンボのなかまのほんの一例にすぎません。

③ 秋の代表は、アキアカネです。

④ 春に現れるのが、ミヤカワトンボです。

⑤ トンボは、春・夏・秋・冬の四季によって、ちがったなかまが現れます。

⑥ 冬でも親のままでいるホソミオツネトンボもいます。

⑦ 夏に多いのが、シオカラトンボやナツアカネです。

① ↓ □ ↓ □ ↓ □ ↓ □ ↓ □ ↓ □

2 1の文章に題名をつけるとすれば、次のどれがよいですか。記号で答えましょう。

㋐ トンボの育ち方

㋑ トンボと四季

㋒ アキアカネ

□

文章 3

月　日
名前

1　次の文は、〔モンシロチョウの卵〕〔幼虫〕〔さなぎ〕〔成虫〕について書いたものです。一つの文章になるように、番号を書きましょう。

① モンシロチョウは、キャベツやアブラナの葉の裏に卵を生みます。

② 冬の間は、数か月さなぎのままで過ごします。成虫になるときが近づくと、さなぎは黄色っぽくなります。

③ 幼虫は、はじめ自分が入っていた卵のからを食べます。しばらくすると葉を食べ、体は緑色になります。四回ほど自分の皮をぬぎます。これをだっ皮《ぴ》といいます。

④ さなぎの表面が割れて、中から成虫が出てきます。これを羽《う》化といいます。成虫は縮んだはねをのばし、大空へ飛び立ちます。

⑤ 一週間ほどすると、卵のからを内側からかじり、幼虫が顔を出します。

⑥ 幼虫は、さなぎになるためによい場所を見つけ、そこでさなぎになります。

①
↓
□
↓
□
↓
□
↓
□
↓
□

2　1の文章に題名をつけるとすれば、次のどれがよいですか。記号で答えましょう。

ア モンシロチョウと花

イ 冬のモンシロチョウ

ウ モンシロチョウの育ち方

□

まとめ 1

月　日
名前

1 次の漢字の読みがなを（　）に書き、送りがなを□に書きましょう。

① 養（　）□
② 勢（　）□
③ 営（　）□
④ 快（　）□
⑤ 率（　）□
⑥ 険（　）□
⑦ 支（　）□
⑧ 慣（　）□
⑨ 喜（　）□
⑩ 危（　）□

2 次の漢字の読みがなを（　）に書きましょう。

① 目次（　）
② 間近（　）
③ 天然（　）
④ 当然（　）
⑤ 反省（　）
⑥ 省略（　）
⑦ 雑木林（　）
⑧ 複雑（　）
⑨ 図画（　）
⑩ 意図（　）

3 次の慣用句は、下の□の中のどの意味ですか。□に記号を書きましょう。

① ねこの手も借りたい □
② 骨をおる □
③ 根も葉もない □
④ むきになる □
⑤ きもをつぶす □

ア 大いに努力する。
イ 本気になる。
ウ いそがしくて、人手が足りない。
エ とてもびっくりする。
オ まったく根《こん》きょがない。

まとめ２

月　日

名前

1 次の文を、敬語を使った言い方に直しましょう。

① 先生が家に来ます。
↓
（　　　　）

② 先生の話を聞きました。
↓
（　　　　）

③ 先生から本をもらいました。
↓
（　　　　）

④ 先生を訪ねました。
↓
（　　　　）

⑤ 先生が給食を食べました。
↓
（　　　　）

2 次のことばの反対の意味のことばを書きましょう。

① 降板↔（　　）
② 原因↔（　　）
③ 有利↔（　　）
④ 終着↔（　　）
⑤ 多↔（　　）
⑥ 増↔（　　）
⑦ 進↔（　　）
⑧ 往↔（　　）

3 次のことばのうち、動詞に○をつけましょう。

①（　）美しい
②（　）見る
③（　）近い
④（　）起こす
⑤（　）働く

4 次の□にあてはまる漢字を書きましょう。

① 植物の□□《せいちょう》
人間の□□《せいちょう》

② 交通安全□□《しゅうかん》
早起きの□□《しゅうかん》

③ □□《ようき》な性格
ガラスの□□《ようき》

まとめ 3

月　　日
名前

1 次の文章を読んで、問いに答えましょう。

先月の十六日は、ぼくにとってとてもすてきな一日でした。

「流れ星博物館」がオープンしたことをインターネットで見て、「二月になったらつれていってね。」と母と約束していたのです。

そこ㋐には、世界中から流れ星（いん石）が集められているのです。
A、星が大好きなぼくには、ぜったい行きたいところでした。
ぼくが一番感動したのは、その㋑中の日本一の大きさのいん石でした。

① Aの中につなぎことばを入れるなら、どれがよいですか。〇をつけましょう。

㋐（　）なお　㋑（　）しかし　㋒（　）だから

② この文は、「いつ」「どこで」「どんな日」であるか、書きましょう。

いつ（　　月　　日）

どこで（　　）

どんな日（　　）

③ 次のことばは、何を指しますか。

㋐ そこ（　　）

㋑ その（　　）

2 送りがなをつけましょう。

① むれる→群（　　）
② しめす→示（　　）
③ あまる→余（　　）
④ やぶる→破（　　）
⑤ あずける→預（　　）

3 反対の意味のことばを□に書きましょう。

① 当選－□
② 改悪－□
③ 両側－□
④ 往復－□
⑤ 得る－□
⑥ 満潮－□

4 □にあてはまる漢字を書きましょう。

① どう
- 鉄は黒く、□は赤い。
- 電気を通す□線。

② てんさい
- □少年
- □に備える

③ はかる
- 長さを□る
- ますで□る
- 時間を□る

答え

【P.2】

①むれる　②しい　③ぎる　④い
⑤れる　⑥らう　⑦しい　⑧ぶ
⑨れる　⑩す　⑪ざる　⑫び
⑬える　⑭る　⑮める　⑯べる
⑰せる　⑱い　⑲える　⑳いる
㉑く　㉒る　㉓く　㉔やす
㉕る　㉖す　㉗べる　㉘やす
㉙える　㉚しい　㉛る　㉜ける

【P.3】

1 ①ア　②ア　③ア
④ア　⑤ア　⑥ア
⑦イ　⑧イ　⑨イ
⑩ア　⑪ア　⑫イ

2 ①（あか）るい　②い（きる）
③（ゆる）す　④（あば）れる
⑤（いさ）ましい　⑥（ゆた）か
⑦（まよ）う　⑧（き）まる
⑨（かま）う

【P.4】

1 ①ちじょう　②じめん
③ぶじ　④はなぢ
⑤せいじ　⑥ちすい
⑦ひとじち　⑧ごじゅう
⑨ちゅうしん　⑩かおじゅう（がんちゅう）
⑪じつづ　⑫きんじょ

2 ①イ　②ア　③ア　④ア
⑤イ　⑥ア　⑦イ　⑧ア
⑨イ　⑩イ

【P.5】

①姉さんわ《は》、友だちと　ええ《い》がを　見に　行った。
②ぼくわ《は》、エジソンお《を》　とても　そんけえ《い》　している。
③「転校生どお《う》し、仲良くしようよ。」「そお《う》しよう。」
④電車が　駅に　ちかず《づ》くと、となりの　おぢ《じ》いさんが「よしよし。」と　大きく　うなづ《ず》きました。
⑤おじさんの　家を　たづ《ず》ねると、とても　まづ《ず》しいくらしむきでしたが、そお《う》じが　行きとどいて　いて、きれえ《い》でした。
⑥ニュースの　ほうどお《う》番組で、「ようやく　明日は、おう《お》むね　晴れるでしょう。」と、よくとう《お》る声で　伝えていた。
⑦動物園で、りすは　ドングリを　ほう《お》ばり、オオ《ウ》ムは、えさを　かぢ《じ》って　いました。

【P.6】

1

ふつうの言い方	敬った言い方	へりくだった言い方
見る	ごらんになる	拝見《はいけん》する
言う	おっしゃる	申しあげる
する	なさる	いたす
食べる	めしあがる	いただく
行く	いらっしゃる おいでになる	まいる（参る） うかがう
来る		
いる		おる
会う	お会いになる	お目にかかる
取る	お取りになる	お取りする
たずねる	おたずねになる	おたずねする

2 ①㋑　②㋐　③㋑　④㋒

【P.7】

1 ①です　②いいます　③お米　④お花・あげました

2 ①ください　②おっしゃいますか　③お返しする　④言いました・めしあがってください　⑤いたします

【P.8】

①ア　②ア　③イ　④イ
⑤ア　⑥ア　⑦ア　⑧イ

【P.9】

①—㋓　②—㋐　③—㋕　④—㋑　⑤—㋒
⑥—㋔　⑦—㋗　⑧—㋙　⑨—㋖　⑩—㋘

【P.10】

1 ①ア　②ア　③イ　④イ　⑤ア

2 ①ア　②ウ　③イ　④オ　⑤エ

【P.11】

1 ①顔が赤くなる　②朝飯前
③馬が合う　④音を上げる
⑤色を失う

2 ①ア　②カ　③キ　④イ
⑤オ　⑥ウ　⑦エ

【P.12】

1 ①—ア　②—エ　③—オ　④—イ　⑤—ウ

2 ①精　②手
③口　④顔
⑤あご　⑥しっぽ

【P.13】

1 ①白　②黄　③赤　④青

② ⑤ 黒　⑥ 白黒　⑦ 銀
① あご・㋗　② 口・㋑
③ 額・㋖　④ 目・㋔
⑤ まゆ・㋓　⑥ 鼻・㋕
⑦ 歯・㋐　⑧ 耳・㋒

P.14

1 ① 増大・増加　② 最初
③ 損失　④ 落選
⑤ 自然・天然　⑥ 賛成
⑦ 輸入　⑧ 成功
⑨ 集合　⑩ 安心

2 ① 小型　② 新式
③ 以後　④ 後記
⑤ 後者　⑥ 後退

3 朝夕　師弟　明暗　苦楽　売買　有無

P.15

1 ① ちぢむ　② 減る
③ すてる　④ 泣く
⑤ 軽い　⑥ 勝つ
⑦ 細かい　⑧ 入る
⑨ 冷ます　⑩ 深い

2 (1) ① 悪・良　② 朝・夕
③ 先・後　④ 上・下
(2) ① 間・直　② 短・長
③ 多・少　④ 音・訓

P.16

1 ① 注意　② 同意
③ 意外　④ 首都
⑤ 保養　⑥ 長所
⑦ 回答　⑧ 風景

2 (1) 学習　救助　身体　連続
(2) 児童　暗黒　急速　活動

P.17

1 ① ア　② イ　③ ア　④ イ
⑤ ア　⑥ イ　⑦ ア　⑧ イ
⑨ ア　⑩ イ

2 ① 富　② 望　③ 産　④ 立
⑤ 築　⑥ 備

P.18

① 意志・医師　② 園芸・演芸
③ 快晴・改正　④ 会長・快調
⑤ 解答・回答　⑥ 観光・刊行
⑦ 完成・感性　⑧ 帰省・寄生
⑨ 競技・協議　⑩ 決行・結構

P.19

① ア 関心　イ 感心
② ア 最高　イ 再考
③ ア 講演　イ 公演　ウ 公園
④ ア 家庭　イ 仮定　ウ 課程
⑤ ア 校歌　イ 高価　ウ 効果
⑥ ア 辞典　イ 自転　ウ 次点
⑦ ア 開放　イ 解放　ウ 快方

P.20

① 講習・公衆　② 鉱石・功績
③ 採集・最終　④ 賛成・酸性
⑤ 要領・容量　⑥ 保険・保健
⑦ 暑・熱・厚　⑧ 取・採
⑨ 破・敗　⑩ 慣・鳴

P.21

1 ① ㋐　② ㋑　③ ㋑　④ ㋑
⑤ ㋑　⑥ ㋐　⑦ ㋐　⑧ ㋑

2 ① ㋐　② ㋑　③ ㋑　④ ㋐
⑤ ㋑　⑥ ㋐

P.22

1 ① 草原・馬
② ぶどう・一ふさ
③ 夏休み・わたし・富士山
④ オリンピック・四年・一度
⑤ 父・毎朝・公園・愛犬

2 ① 明るさ　② 好み
③ 作り　④ 深さ
⑤ 青さ　⑥ 美しさ
⑦ やわらかさ　⑧ すすぎ
⑨ おおい　⑩ ゆがみ

P.23

1 ①・④・⑥・⑦

2 ① 乗った　② ねよう
③ ある　④ 登れば・見える
⑤ 開けると・差しこんだ

P.24

泳(が)ない	食(べ)ない	植(え)ない	(こ)ない	(し)ない
泳(ぎ)ます	食(べ)ます	植(え)ます	(き)ます	(し)ます
泳(ぐ)	食(べる)	植(える)	(くる)	(する)
泳(ぐ)とき	食(べる)とき	植(える)とき	(くる)とき	(する)とき
泳(げ)ば	食(べれ)ば	植(えれ)ば	(くれ)ば	(すれ)ば
泳(げ)	食(べろ)	植(えろ)	(こい)	(しろ)
泳(ごう)	食(べよう)	植(えよう)		(しよう)

P.25

1 ① 泣か　② 遊ん
③ 歩け　④ 出し

⑤ 帰ろ ⑥ 聞い
⑦ 飲も

2 ① おこる ② 晴れる
③ 買う ④ 走る
⑤ 起きる ⑥ する
⑦ 来る

【P. 26】

1 ① ㋐ ② ㋑ ③ ㋐
④ ㋑ ⑤ ㋑ ⑥ ㋐

2 ① 回す ② 消す
③ 覚ます ④ 育てる

3 ① ㋐ 上げる ㋑ 上がる
② ㋐ 起こす ㋑ 起きる
③ ㋐ 助ける ㋑ 助かる

【P. 27】

1 ① 弟は、兄にかわいがられた。
② 妹は、犬にじゃれつかれた。

2 ① 弟に、庭をそうじさせる。
② 妹に、洋服をたたませる。

3 父は、英語を話せる。

【P. 28】

1 ①・④・⑥・⑦

2 ①・④・⑤・⑥

【P. 29】

1 ① なつかしい ② 黄色い
③ 寒い ④ 高い
⑤ すばらしい ⑥ 親しい
⑦ はげしかった

2 ① 静かだ ② 大切に
③ のどかだ ④ 悲しそうに
⑤ にこやかな ⑥ 静かな
⑦ きれいな

【P. 30】

1 ① はげしく ② 高けれ
③ 冷たかっ ④ こわく
⑤ 暑く

2 ① 有名な ② 静かだっ
③ にぎやかだろ ④ さわやかな
⑤ きれいに

【P. 31】

1 ①・④・⑤・⑦・⑧

2 ① ゆっくり ② ドンドン
③ とても ④ しとしと

【P. 32】

1 ① ㋑ ② ㋐ ③ ㋓ ④ ㋒
⑤ ㋔ ⑥ ㋗ ⑦ ㋖ ⑧ ㋕

2 ㋐ ぼくは、自転車で先に行った兄を追いかけた。
㋑ ぼくは自転車で、先に行った兄を追いかけた。

【P. 33】

1 ① 村の 小学校は、山の上に あったので、通うの が たいへんだった。
② 「春は、もうすぐ やって くるよ。」母うさぎは、子うさぎに 言いました。
③ お父さんは、「小さいころは、本を よく 読んだよ。『銀河鉄道の夜』とかね。」と話してくれた。

2 ① 東南アジアには、タイ・マレーシア・シンガポールなどの国があります。
② 奈良に都が移されました（七一〇年）。
③ シーラカンスは、「生きた化石」とよばれている。
④ たくさんの人々が口々に、「おめでとう。」と言い合っている。

【P. 34】

1 ① 犬は、森に向かって 走り出した。
② 君とぼくが、その試合に 出ます。
③ ふたりは、みかんを 食べました。
④ 赤い花びらが、水面にそっと うかんだ。
⑤ 美しいな、富士山は。

2 ① ぼくは 読みます
② 花が さきました
③ 星が 光った

【P. 35】

1 ① 兄は学者になり、わたしは医者になった。
② 雨がふりだし、かみなりが鳴りだした。
③ 赤ちゃんが泣くので、姉はその子をあやした。
④ 父は出かけましたが、母は家にいます。
⑤ 父が車を運転し、母は後ろの席に乗った。
⑥ きのう、学校で学級会が開かれ、弁論大会の出場者が決まりました。

【P.36】

1 ① 君が言ったことは、正しい。
② 地しんが起こるといううわさが、広まった。

2 ① 弟は、子犬が走るのを見守った。
② つり人は、魚がかかるのをじっと待った。

【P.37】

1 ① くじらのような・白い
② ろう下で・長い間・友だちを
③ あざやかな・大輪の
④ 校門のそばに・二本
⑤ CDを聞きながら・宿題を

2 母がグラタンを作ってくれた。そのグラタンはおいしい。

【P.38】

1 ① そこ ② その ③ あれ ④ これ

2 ① 「鉄は熱いうちに打て」ということわざ
② かたい鉄でもやわらかいとき
③ やわらかい鉄
④ 鉄は熱いうちに打て

【P.39】

1 ① のに ② し ③ ので ④ ば ⑤ たり ⑥ ても

2 ① 頭がいたかった。だから、薬を飲んでねた。
② ちょう上に着くころには、足がいたくなった。そのうえ、おなかもすいてきた。

【P.40】

1 ① ㋑ ② ㋒ ③ ㋐ ④ ㋒ ⑤ ㋑ ⑥ ㋐ ⑦ ㋐ ⑧ ㋒ ⑨ ㋑ ⑩ ㋒ ⑪ ㋑ ⑫ ㋐

2 ① 旅行 ② 試験 ③ 全員 ④ 登山 ⑤ 周囲

【P.41】

1 ① セイブツ・なまもの
② フウシャ・かざぐるま
③ ネンゲツ・としつき
④ シキシ・いろがみ
⑤ ソウゲン・くさはら
⑥ コッキョウ・くにざかい
⑦ ミョウニチ・あす
⑧ シジョウ・いちば

2 ① (か) ふうう (わ) あめかぜ
② (か) げんや (わ) のはら
③ (わ) しなもの (か) ぶっぴん
④ (わ) ひとまえ (か) ぜんじん

3 ① ノート ② コマーシャル ③ カレンダー ④ ネックレス ⑤ スプーン ⑥ テーブル

【P.42】

1 ① 積み重ねる ② 書き始める ③ かけ回る ④ のりまき ⑤ あまがさ ⑥ 細長い ⑦ いねかり ⑧ 雪どけ ⑨ 消しゴム ⑩ 焼き飯

2 ① エ ② オ ③ イ ④ イ ⑤ ア ⑥ カ ⑦ ウ ⑧ カ ⑨ ア ⑩ オ ⑪ エ ⑫ ウ

【P.43】

1 ① 貝 ② 象 ③ 山 ④ 牛 ⑤ 目 ⑥ 門

2 ① 下 ② 本 ③ 二 ④ 末

3 ① 女・子 ② 田・力 ③ 木・木 ④ 人・言 ⑤ 山・石 ⑥ 木・目

【P.44】

1 ① 魚・月・川 ② 三・下・上 ③ 鳴・明・休 ④ 草・粉・銅

2 ① カ・艹 ② シュウ・辶 ③ セイ・日 ④ サイ・阝 ⑤ カク・木 ⑥ カン・忄 ⑦ ギョ・氵 ⑧ ショウ・扌

【P.45】

1 ① (そ)う ② (いた)る ③ (あぶ)ない ④ (の)びる・べる ⑤ (よ)ぶ ⑥ (そな)える ⑦ (うやま)う ⑧ (はげ)しい ⑨ (きび)しい ⑩ (あやま)る ⑪ (きざ)む ⑫ (わか)い ⑬ (したが)う ⑭ (た)れる・らす ⑮ (みと)める ⑯ (そ)める・まる ⑰ (うつ)す・る

⑱ （たっと）い・ぶ・（とうと）い・ぶ
⑲ （うたが）う ⑳ （ほ）す

2 ① 補う ② 難しい ③ 拝む
④ 閉じる ⑤ 幼い ⑥ 困る

3 ① おおかた・おうよう ② こうえん・とおあさ
③ ぬのじ・ちぢれげ ④ ひきつぎ・ちず

【P.46】

1 ① 降りる ② 写す ③ 熟す
④ 勤める ⑤ 探す ⑥ 並べる
⑦ 捨てる ⑧ 頂・現れた
⑨ 痛める ⑩ 届ける ⑪ 納める
⑫ 補う ⑬ 勇ましく・奮い立つ
⑭ 訪ねる ⑮ 盛り

2 ① ちかぢか ② つくづく
③ とおり道 ④ ほおづえをつく

【P.47】

1 ① ㋒ ② ㋑ ③ ㋒

2 ① 父の愛読書は、『リア王』です。
② 「石の上にも三年」ということわざがあります。
③ 太陽の表面（光球という）は、約六千度もある。

【P.48】

1
　わたしは、小さいころから、
父に
「何でもまじめにやるんだぞ。」
と言われていました。
　大きくなった今、そのことが
なつかしく思い出されます。

2
　秋の校外学習「どんぐりっこ」
に参加する人へのお知らせです。
①日―十一月三日（火）
②時間―午前九時三十分
③場所―片道線「水田駅」前
④服装―動きやすい服
⑤持ち物―お弁当・軍手
以上、よく読んでください。

【P.49】

1 ① かんかん ② にこっ
③ しくしく ④ すやすや
⑤ ごくっ ⑥ すくすく
⑦ すたすた ⑧ ぱっぱっ
⑨ がさがさ ⑩ どきどき

2 ① のぞく ② なみだを流す
③ 笑う ④ 夜がふける
⑤ 食べる ⑥ おどろく
⑦ 歩く ⑧ ひざを打つ

【P.50】

1 ① ㋖ ② ㋙ ③ ㋐ ④ ㋘
⑤ ㋔ ⑥ ㋓ ⑦ ㋗ ⑧ ㋒
⑨ ㋑ ⑩ ㋕

2 ① ぐっと ② バタバタ
③ チンチロリン
④ ぴんと ⑤ はきはき

【P.51】

1 ①―㋓ ②―㋒ ③―㋐ ④―㋔ ⑤―㋑

2 ①―㋒ ②―㋓ ③―㋐ ④―㋑ ⑤―㋔

【P.52】

① 万―一つのことを見れば、他のことがすべておしはかられる
② 十・十―考え方や好ききらいなど一人ひとりちがう
③ 三―朝早く起きると、いいことがある
④ 百・一―何回も聞くより、一度でも見るとよくわかる
⑤ 一・二―一つのことをして、二つの得をする
⑥ 七・八―何回失敗しても、あきらめずにがんばる
⑦ 五十・百―少しのちがいはあっても、ほとんど同じこと
⑧ 九・一―死ぬかと思うところを助かる

【P.53】

1 ① たぬき ② 犬
③ すずめ ④ かえる
⑤ とんび ⑥ ぶた
⑦ ねこ ⑧ はち

2 ① エ ② イ
③ ウ ④ ア

【P.54】

1 ① まっ赤 ② お安い
③ どん底 ④ 手きびしい
⑤ か細い ⑥ かっとばせ

2 ① 新学期 ② 未解決
③ 大火事 ④ 名場面
⑤ 無意識 ⑥ 総決算

【P.55】

1 ① 不可能 ② 不まじめ ③ 不自由
④ 無理解 ⑤ 無関係 ⑥ 無事故
⑦ 非常識 ⑧ 非公式 ⑨ 非科学

2 ① ご ② お
③ お・お ④ ご
⑤ ご・ご ⑥ お・お

【P.56】

1 ① 君たち ② 中川様
③ 赤ちゃん ④ 先生方
⑤ あいつら ⑥ 妹らしい

2
① うれしがる ② 古めかしい
③ 高らか ④ あきっぽい
⑤ 暖かさ

【P.57】
1
① 感動的 ② 見物人
③ 西洋風 ④ 運転手
⑤ 日本中 ⑥ 給食費
⑦ 看護師 ⑧ 山本君
2
① 羽 ② 冊
③ 枚 ④ 等
⑤ 目 ⑥ 番
⑦ 機 ⑧ 本
⑨ 台 ⑩ 点

【P.58】
① ㋐ ② ㋑ ③ ㋒ ④ ㋐
⑤ ㋒ ⑥ ㋑ ⑦ ㋑ ⑧ ㋒

【P.59】
① ㋐ ② ㋑ ③ ㋑ ④ ㋑ ⑤ ㋑

【P.60】
① ㋐ 異議 ㋑ 異義
② ㋐ 異常 ㋑ 異状 ㋒ 以上
③ ㋐ 延長 ㋑ 園長
④ ㋐ 革新 ㋑ 確信
⑤ ㋐ 希少 ㋑ 気象
⑥ ㋐ 四季 ㋑ 指揮

【P.61】
① ㋐ 司会 ㋑ 視界
② ㋐ 定価 ㋑ 低下
③ ㋐ 保障 ㋑ 保証
④ ㋐ 用紙 ㋑ 容姿
⑤ ㋐ 習性 ㋑ 修正
⑥ ㋐ 回転 ㋑ 開店
⑦ ㋐ 週間 ㋑ 習慣 ㋒ 週刊
⑧ ㋐ 異動 ㋑ 移動 ㋒ 異同
⑨ ㋐ 成果 ㋑ 青果 ㋒ 聖火
⑩ ㋐ 発声 ㋑ 発生

【P.62】
① ㋐ 合 ㋑ 会
② ㋐ 上 ㋑ 挙
③ ㋐ 表 ㋑ 現
④ ㋐ 生 ㋑ 産
⑤ ㋐ 返 ㋑ 帰
⑥ ㋐ 変 ㋑ 代
⑦ ㋐ 明 ㋑ 空 ㋒ 開
⑧ ㋐ 納 ㋑ 治 ㋒ 修
⑨ ㋐ 分 ㋑ 別
⑩ ㋐ 努 ㋑ 勤 ㋒ 務

【P.63】
1
① シ ② ケ ③ イ
④ ア ⑤ ク ⑥ キ
⑦ ウ ⑧ コ ⑨ カ
⑩ オ ⑪ サ ⑫ エ
2
苦楽 寒暖 善悪 明暗
音訓 軽重 公私 表裏

【P.64】
1
① 下がる ② 安い
③ 来る ④ うすい
⑤ 閉める ⑥ 悲しい
⑦ 借りる ⑧ 易しい
2
① 否決 ② 完敗
③ 安全 ④ 複雑
⑤ 平和 ⑥ 進化
⑦ 垂直 ⑧ 結果
⑨ 義務 ⑩ 益虫
⑪ 全体 ⑫ 子孫

【P.65】
1
① 出版 ② 価格
③ 著名 ④ 準備
⑤ 収入 ⑥ 心配
⑦ 成育 ⑧ 賃金
⑨ 激賞 ⑩ 向上
2
秘密 安易 急速 包囲 委任
倉庫 思想 同等 延長 児童

【P.66】
1
① トントン ② にっこりと
③ ますます
2
① ゆっくりと ② たいへん
③ ずっと・どっしりと

【P.67】
1
① けっして ② きっと
③ なぜ・そんなに
2
① たっぷりと ② ピューピュー
③ しんしんと ④ ゆっくりと
⑤ すっかり ⑥ とても
⑦ 仮に・絶対

【P.68】
1
① が ② は ③ へ ④ と
⑤ に ⑥ を ⑦ や・で
⑧ の・の・から・が
2
① が・を ② が・を

P.69

1 ①か ②な ③な ④なあ

2 ①㋑ ②㋐ ③㋓ ④㋒

P.70

1 ①が ②から ③ば ④けれど
⑤し ⑥と

2 ①のに ②ば ③から ④けれど

P.71

1 ①㋑ ②㋓ ③㋒ ④㋔ ⑤㋐

2 ①それ ②はい ③さようなら
④ねえ ⑤おやっ

P.72

①㋐ ②㋓ ③㋑ ④㋔ ⑤㋖
⑥㋕ ⑦㋒

P.73

1 ①おとな ②かわら ③くだもの
④けさ ⑤じょうず ⑥しみず
⑦ひとり ⑧たなばた ⑨めがね
⑩ふつか ⑪まいご ⑫ふたり
⑬へた ⑭はつか ⑮やおや

2 ①かあ ②とう ③にい ④ねえ
⑤てつだう ⑥まっか ⑦まっさお

3 ①一日 ②昨日 ③今日 ④明日
⑤今年 ⑥時計 ⑦友達 ⑧部屋
⑨博士 ⑩景色

P.74

1 ①㋐求 ㋑救 ㋒球
②㋐紀 ㋑記 ㋒起
③㋐責 ㋑積 ㋒績
④㋐則 ㋑側 ㋒測
⑤㋐清 ㋑晴 ㋒精
⑥㋐交 ㋑効 ㋒校

2 ①かく ②し ③とう ④かん

3 ①⻌・しんにゅう（しんにょう）・オ
②月・にくづき・ア
③頁・おおがい・イ
④宀・うかんむり・ウ

P.75

1 ①重文 ②単文 ③複文
④複文 ⑤重文 ⑥単文

2 ①㋐兄が ㋑書いた
㋒これは ㋓習字です
②㋐花が ㋑さいている
㋒わたしは ㋓散歩した

P.76

1 ①ぼくは本を読み、妹はテレビを見る。
②かみなりが鳴って、雨が激しく降ってきた。

2 ①ぼくが 育てた きゅうりが 実った。
②桜が さく 春が 近づいてきた。
③わたしは、バスが 走りだしたのを 見た。
④弟が 追いかける アメンボは、すばしこい。

3 ①習字・姉がいっしょうけんめい書いた
②海岸・夕日がきれいだ

P.77

1 ①㋑ ②㋐ ③㋐ ④㋑
⑤㋐ ⑥㋐

2 ①探しものが、見つからない。
②大山さんは、病気にちがいない。
③こわい夢を見て、目が覚めた。
④みんなで、この合唱曲を歌おう。

3 ①こんどのテストは、難しそうです。
②家で熱帯魚を飼っています。
③意見を言うことができませんでした。
④いっしょに買い物に行きましょう。

P.78

1 ①現在 ②未来 ③過去

2 ①休んだ ②休んでいる ③休むだろう

3 ①㋓ ②㋐ ③㋑ ④㋒

4 ①―㋒ ②―㋔ ③―㋐ ④―㋑ ⑤―㋓

P.79

1 ①道路・創造・行進
②遠近・公私・玉石
③古都・温泉・山頂
④帰国・養蚕・洗顔

2 ①㋑・㋒・㋖・㋙
②㋓・㋕・㋘・㋚
③㋐・㋔・㋗・㋛

P.80

1 ①非 ②未 ③無 ④不
⑤無 ⑥非 ⑦不 ⑧未

2 ①化 ②性 ③的 ④化
⑤性 ⑥的

3 ①イ ②イ ③ア ④イ
⑤イ ⑥ウ ⑦イ ⑧ア

4 ①一長一短 ②十人十色 ③四苦八苦
④一石二鳥 ⑤千差万別 ⑥百発百中

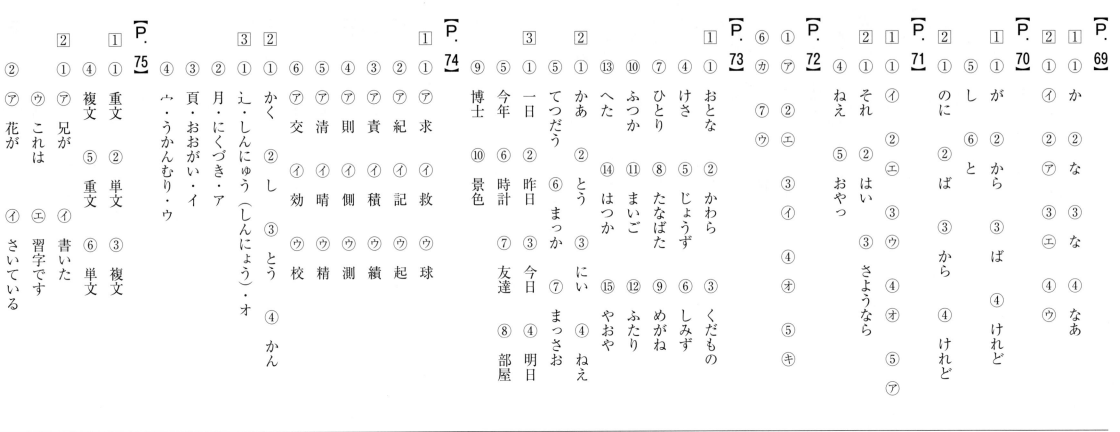

【P.81】

1 ① しゅうのう・㋐ ② おおぜい・㋓
③ だいどころ・㋒ ④ かたみち・㋑
⑤ じょうやく・㋐ ⑥ おりもの・㋑
⑦ ぎんいろ・㋒ ⑧ こめだわら・㋑
⑨ ぬのじ・㋓ ⑩ しごと・㋒
⑪ にもつ・㋓ ⑫ もくひょう・㋐

2 ① 特別急行列車 ② 入学試験
③ 国民体育大会 ④ 国際連合

3 ① 自画自賛 ② 起死回生 ③ 心機一転
④ 有名無実 ⑤ 自業自得 ⑥ 空前絶後
⑦ 弱肉強食 ⑧ 無我夢中 ⑨ 異口同音

【P.82】

1 ①→③→④→②

2 ①→④→③→②

【P.83】

1 ①→⑤→④→⑦→③→⑥→②

2 ㋑

【P.84】

1 ①→⑤→③→⑥→②→④

2 ㋒

【P.85】

1 ① (やしな)う ② (いきお)い
③ (いとな)む ④ (こころよ)い
⑤ (ひき)いる ⑥ (けわ)しい
⑦ (ささ)える ⑧ (な)れる
⑨ (よろこ)ぶ ⑩ (あぶ)ない

2 ① もくじ ② まぢか
③ てんねん ④ とうぜん
⑤ はんせい ⑥ しょうりゃく
⑦ ぞうきばやし ⑧ ふくざつ
⑨ ずが ⑩ いと

3 ① ウ ② ア ③ オ ④ イ
⑤ エ

【P.86】

1 ① 先生が家にいらっしゃいます。
(来られます。おこしになります。)
② 先生の話をお聞きしました。
③ 先生から本をいただきました。
④ 先生をお訪ねいたしました。
⑤ 先生が給食をめしあがりました。
(お食べになりました。)

2 ① 登板 ② 結果
③ 不利 ④ 始発
⑤ 少 ⑥ 減
⑦ 退 ⑧ 復

3 ②・④・⑤

4 ① 生長・成長 ② 週間・習慣 ③ 陽気・容器

【P.87】

1 ① ㋒
② いつ・二月十六日
どこで・「流れ星博物館」
どんな日・とてもすてきな一日
③ ㋐ 流れ星博物館
㋑ 世界中の流れ星(いん石)

2 ① れる ② す ③ る ④ る
⑤ ける

3 ① 落選 ② 改善(改良)
③ 片側 ④ 片道
⑤ 失う ⑥ 干潮

4 ① 銅・導
② 天才・天災
③ 測・量・計

ことばの習熟プリント　小学5・6年生　大判サイズ

2021年7月30日　発行

著　者　細川　元子

発行者　面屋　洋

企　画　フォーラム・A

発行所　清風堂書店

〒530-0057　大阪市北区曽根崎2-11-16

TEL 06-6316-1460／FAX 06-6365-5607

振替　00920-6-119910

制作編集担当　藤原　幸祐　□

表紙デザイン　ウエナカデザイン事務所　2122

※乱丁・落丁本はおとりかえいたします。

学力の基礎をきたえどの子も伸ばす研究会

HPアドレス　http://gakuryoku.info/

常任委員長　岸本ひとみ
事務局　〒675-0032 加古川市加古川町備後178－1－2－102 岸本ひとみ方 ☎・Fax 0794－26－5133

① めざすもの

私たちは、すべての子どもたちが、日本国憲法と子どもの権利条約の精神に基づき、確かな学力の形成を通して豊かな人格の発達が保障され、民主平和の日本の主権者として成長することを願っています。しかし、発達の基盤ともいうべき学力の基礎を鍛えられないまま落ちこぼれている子どもたちが普遍化し、「荒れ」の情況があちこちで出てきています。

私たちは、「見える学力、見えない学力」を共に養うこと、すなわち、基礎の学習をやり遂げさせることと、読書やいろいろな体験を積むことを通して、子どもたちが「自信と誇りとやる気」を持てるようになると考えています。

私たちは、人格の発達が歪められている情況の中で、それを克服し、子どもたちが豊かに成長するような実践に挑戦します。

そのために、つぎのような研究と活動を進めていきます。

① 「読み・書き・計算」を基軸とした学力の基礎をきたえる実践の創造と普及。
② 豊かで確かな学力づくりと子どもを励ます指導と評価の探究。
③ 特別な力量や経験がなくても、その気になれば「いつでも・どこでも・だれでも」ができる実践の普及。
④ 子どもの発達を軸とした父母・国民・他の民間教育団体との協力、共同。

私たちの実践が、大多数の教職員や父母・国民の方々に支持され、大きな教育運動になるよう地道な努力を継続していきます。

② 会　　員

- 本会の「めざすもの」を認め、会費を納入する人は、会員になることができる。
- 会費は、年4000円とし、7月末までに納入すること。①または②

①郵便振替　口座番号　00920－9－319769
　名　　称　学力の基礎をきたえどの子も伸ばす研究会

②ゆうちょ銀行
　店番099　店名〇九九《ゼロキュウキュウ》店　当座0319769

- 特典　研究会をする場合、講師派遣の補助を受けることができる。
　大会参加費の割引を受けることができる。
　学力研ニュース、研究会などの案内を無料で送付してもらうことができる。
　自分の実践を学力研ニュースなどに発表することができる。
　研究の部会を作り、会場費などの補助を受けることができる。
　地域サークルを作り、会場費の補助を受けることができる。

③ 活　　動

全国家庭塾連絡会と協力して以下の活動を行う。

- 全国大会　全国の研究、実践の交流、深化をはかる場とし、年1回開催する。通常、夏に行う。
- 地域別集会　地域の研究、実践の交流、深化をはかる場とし、年1回開催する。
- 合宿研究会　研究、実践をさらに深化するために行う。
- 地域サークル　日常の研究、実践の交流、深化の場であり、本会の基本活動である。可能な限り月1回の月例会を行う。
- 全国キャラバン　地域の要請に基づいて講師派遣をする。

全国家庭塾連絡会

① めざすもの

私たちは、日本国憲法と子どもの権利条約の精神に基づき、すべての子どもたちが確かな学力と豊かな人格を身につけて、わが国の主権者として成長することを願っています。しかし、わが子も含めて、能力があるにもかかわらず、必要な学力が身につかないままになっている子どもたちがたくさんいることに心を痛めています。

私たちは学力研が追究している教育活動に学びながら、「全国家庭塾連絡会」を結成しました。

この会は、わが子に家庭学習の習慣化を促すことを主な活動内容とする家庭塾運動の交流と普及を目的としています。

私たちの試みが、多くの父母や教職員、市民の方々に支持され、地域に根ざした大きな運動になるよう学力研と連携しながら努力を継続していきます。

② 会　　員

本会の「めざすもの」を認め、会費を納入する人は会員になれる。
会費は年額1500円とし（団体加入は年額3000円）、7月末までに納入する。
会員は会報や連絡交流会の案内、学力研集会の情報などをもらえる。

事務局　〒564-0041　大阪府吹田市泉町4－29－13　影浦邦子方　☎・Fax 06－6380－0420
郵便振替　口座番号　00900－1－109969　　名称　全国家庭塾連絡会